中小学生校外生活指南丛书

中小学生德育自我修养指南

本书编写组 ◎ 编

ZHONGXIAOXUESHENG
XIAOWAI SHENGHUO
ZHINAN CONGSHU

ZHONGXIAOXUESHENG DEYU
ZIWO XIUYANG ZHINAN

广州·北京·上海·西安

图书在版编目（CIP）数据

中小学生德育自我修养指南/《中小学生德育自我修养指南》编写组编．—广州：广东世界图书出版公司，2010.8（2024.2 重印）

ISBN 978-7-5100-2486-3

Ⅰ．①中… Ⅱ．①中… Ⅲ．①德育－中小学－教学参考资料 Ⅳ．①G631

中国版本图书馆 CIP 数据核字（2010）第 151499 号

书　　名	中小学生德育自我修养指南 ZHONGXIAOXUESHENG DEYU ZIWO XIUYANG ZHINAN
编　　者	《中小学生德育自我修养指南》编写组
责任编辑	王　红　张梦婕
装帧设计	三棵树设计工作组
出版发行	世界图书出版有限公司　世界图书出版广东有限公司
地　　址	广州市海珠区新港西路大江冲 25 号
邮　　编	510300
电　　话	020-84452179
网　　址	http://www.gdst.com.cn
邮　　箱	wpc_gdst@163.com
经　　销	新华书店
印　　刷	唐山富达印务有限公司
开　　本	787mm×1092mm　1/16
印　　张	10
字　　数	120 千字
版　　次	2010 年 8 月第 1 版　2024 年 2 月第 11 次印刷
国际书号	ISBN 978-7-5100-2486-3
定　　价	48.00 元

版权所有　翻印必究

（如有印装错误，请与出版社联系）

前 言

所谓德育，就是政治思想和道德品质的教育。所谓政治思想，就是社会成员在政治思考中所形成的观点、想法和见解的总称，它是人们对社会生活中各种政治活动、政治现象以及隐藏在其后的各种政治关系及其矛盾运动的自己的系统反映，是政治文化的一种表现形态。

道德品质也称"德性"，简称"品德"，是指个人在道德行为中所表现出来的比较稳定的、一贯的特点和倾向，是一定社会的道德原则和规范在个人思想和行为中的体现，由道德认识、道德情感、道德信念、道德意志和道德行为等因素构成。在我国社会主义时期，最高尚的、最能体现无产阶级和广大劳动人民利益的是共产主义道德品质。这种品质要求人们要诚实守信、文明礼貌、仁慈和善、见义勇为等。

德育是中小学素质教育的重要组成部分，对青少年学生健康成长和学习工作起着导向、动力、保证作用。中小学德育工作的基本任务是，培养学生成为一名热爱祖国，具有社会公德、文明行为习惯，遵纪守法的公民。在这个基础上，引导他们逐步树立正确的世界观、人生观、价值观，不断提高社会主义的思想觉悟，并对他们中的优秀分子将来能够成为坚定的共产主义者奠定了基础。

德育工作是教育工作的一项重要内容。但在目前我们的一些学校里对中小学生德育教育过于程式化，且所涉及的德育内容过于深奥。为便于中小学生更加直观地了解德育内容，不断加强自身的德育修养，本书收集以德处事的相关资料，结合中小学生的实际理解能力而精心编著了《中小学生德育自我修养指南》一书，希望给中小学生在提高德育修养方面提供有益的帮助。

　　本书共分为"正确对待人生，继承爱国传统，恪守诚实信用，讲求文明礼貌，不做羞耻之事，学会宽厚仁爱，敢于伸张正义，德育从心开始"八篇。从内心环境、社会环境、家庭环境等各方面分层次、分角度地阐释了德育的整体面貌，这有利于中小学生对德育的全面把握。同时，也便于中小学生在日常生活中对德育内容的实践，给出了具体的"应该"的行为方式，很大程度上解决了中小学生在为人处事中所遇到的困难。

目录

正确对待人生

形成正确的人生观 …………… 1
人生观的主要内容 …………… 1
实现人生的价值 ……………… 5
树立崇高理想 ………………… 7
要有责任感 …………………… 8
正确看待自身 ………………… 9
追求自我的完善 ……………… 10
培养良好的意志 ……………… 11
坚韧不拔的品质 ……………… 12
正确对待困难 ………………… 13
顺境中戒骄戒躁 ……………… 15
逆境中勇往直前 ……………… 16
正确看待顺境与逆境 ………… 16
学会理智处事 ………………… 17
做事要踏实 …………………… 19
保持兴趣爱好 ………………… 20
改变怯懦的性格 ……………… 21
拥有充分自信 ………………… 22
赢得好人缘 …………………… 24

珍惜友谊 ……………………… 25

继承爱国传统

理解爱国主义 ………………… 27
培养爱国主义精神 …………… 29
做忠诚的爱国者 ……………… 30
维护国家尊严 ………………… 31
维护国家形象 ………………… 32
国家利益和个人利益 ………… 34
保护国家利益 ………………… 35
维护国家安全 ………………… 36
重视国家秘密 ………………… 37
理性地表达爱国热情 ………… 38
尊重国旗 ……………………… 39
关心国家大事 ………………… 41

恪守诚实信用

了解诚信的重要性 …………… 44
正确看待不诚信行为 ………… 45
诚实不会过时 ………………… 47
言行一致守信用 ……………… 48

得到别人的信任 …………… 49	家庭生活礼仪 …………… 85
面对多批了的分数 ………… 51	遵守《学生守则》………… 87
追求真理做真人 …………… 51	遵守展览馆、纪念场所的
言必信，行必果 …………… 52	纪律 …………………… 88
敢于承认错误 ……………… 53	遵守交通规则 ……………… 89
犯错之后求信任 …………… 53	
说实话要有分寸 …………… 54	**不做羞耻之事**
正确对待朋友的错误 ……… 55	吃喝玩乐有节制 …………… 90
改掉说谎的习惯 …………… 56	不吸烟、不酗酒 …………… 91
撒谎后要弥补 ……………… 58	坚决避免吸毒、贩毒 ……… 92
树立自己的威信 …………… 59	与"黄色"绝缘 …………… 93

讲求文明礼貌

	杜绝说有关性的脏话 ……… 95
	避免出入舞厅、酒吧 ……… 97
尊师敬长 …………………… 61	断然不做"三陪" ………… 98
学会孝敬父母 ……………… 62	克服占小便宜的不良欲望 … 99
服侍生病的长辈 …………… 63	避免虚荣和炫耀…………… 100
重视父母生日 ……………… 64	杜绝偷窃行为……………… 101
正确与外国人交谈 ………… 66	避免对人"恶作剧" ……… 103
时刻尊重他人 ……………… 67	不乱扔废物、乱吐痰……… 104
懂得尊重老师 ……………… 68	避免浪费食物……………… 104
不喊别人的绰号 …………… 69	正确对待来路不明的物品… 105
避免对人发火 ……………… 70	不做违反纪律的事………… 106
尊重乡下人 ………………… 71	预防和纠正犯罪心理……… 107
尊重少数民族 ……………… 73	
善待家中来客 ……………… 74	**学会宽厚仁爱**
热情对待新邻居 …………… 75	宽容、善待他人…………… 109
串门要有规矩 ……………… 77	拥有非凡的气度…………… 110
懂得谦虚礼让 ……………… 78	做心胸开阔的人…………… 111
公共生活礼仪 ……………… 80	帮残疾人却遭误解………… 112

正确解决争吵……………… 113
面对朋友的谎言……………… 115
关心残疾同学………………… 116
学会安慰他人………………… 118
正确对待乞讨者……………… 119
帮助他人不求回报…………… 120
帮助学习差的同学…………… 121
敬老节献爱心………………… 122
在公共场所敬老爱幼………… 123
帮助贫困的失学儿童………… 124
积极捐款救灾………………… 125
开展学雷锋活动……………… 125

敢于伸张正义

见义勇为非多管闲事………… 127
正确认识社会的阴暗面……… 128
面对行凶、敲诈的行为……… 129
面对抢劫行为………………… 130
面对车上的偷窃行为………… 131
面对盗贼作案………………… 132

见到小同学受欺负…………… 133
遇到车祸事故………………… 134
面对好朋友受人欺辱………… 135
正确对待义气………………… 136
维护自己的肖像权…………… 137
维护自己的隐私权…………… 138
面对家长偷税漏税…………… 139

德育从心开始

消除嫉妒心理………………… 140
克服悲观情绪………………… 141
打破自我隔绝………………… 142
消除恐惧情绪………………… 143
克服紧张情绪………………… 145
消除自卑心理………………… 146
拒绝贪慕虚荣………………… 147
避免无端猜疑………………… 148
消除交往中的偏见…………… 149
淡化报复心理………………… 150
避免自傲自大………………… 152

✤ 正确对待人生 ✤

形成正确的人生观

人生观是人们对人生的根本看法，是世界观的组成部分。其主要内容有三个方面：一是人生的目的，即人究竟为什么活着。二是人生的价值，即怎样的人生才算有意义。三是人生的态度，即怎样做人，做一个什么样的人。

青少年正处在人生观形成的阶段，其可塑性是很大的。思想政治课的教学，对于同学们奠定科学人生观的基础，无疑有很大的作用。大多数同学都能正确地理解科学人生观的道理，愿意为人民服务，知道如何正确处理个人和社会、个人和他人的关系，懂得应该在现代化建设中为祖国建功立业，以实现和提高自身的人生价值。

但是社会上的不正之风、腐败现象、利己主义、一切向"钱"看的思想，也给同学们带来了很不好的影响，使他们对科学人生观的道理产生了怀疑，或者认为那些正确道路只是"说说而已"，在社会上"行不通"，实际上"做不到"。追求个人利益、计较个人得失、追求物质享受，是一些同学表现出的思想倾向。

正确的人生观就是共产主义人生观，是无产阶级对人生的目的、内容和意义的根本看法、态度。它是人类历史上最进步、最高尚的人生观；它是建立在马克思主义对人类社会发展规律和无产阶级历史使命正确认识基础上的科学的人生观。

人生观的主要内容

一、公私观

公私观是人们对于个人和集体、个人和社会的关系的看法。生活在社会中的个人，总是以一定的方式与集体、国家等社会组织形式相联系。个人怎样看待自己在社会中的位置，怎样处理公私矛盾，是人生哲学中的一个重要问题。

公，一般是指集体的、社会的共

同事业和公共利益或公有观念，即公心；私，是指个人生存发展所需要的物质对象和精神对象的总和，是指个人利益或私有观念，即私心。以自我为核心的个人主义是资产阶级道德的一个特点，这也是资本主义经济关系所决定的道德的本质特征。

在社会主义条件下，公与私虽然仍然存在矛盾，但由于个人和集体、社会根本利益一致，因此一般说来这个矛盾是非对抗性的，只要正确处理，就可以达到和谐、一致。每个社会成员都应自觉使个人利益与社会利益统一起来。既然个人总是在一定的集体中工作和生活，集体和国家是个人得以生存发展、个人利益得以实现的根本条件和保证，那么，不论个人能力大小，总应该为集体、为国家和社会做有益的事情，即作贡献，必要时甚至牺牲个人利益乃至生命来维护集体和国家的利益。因为集体和国家的利益受到损失和破坏，也就是集体和国家中的每个成员，即个人的利益受到损失和破坏。所以，一切公而忘私、大公无私的行为都应得到全社会的赞扬和肯定。

另一方面，集体和社会也要保障和关心每个社会成员合理的个人权利和利益，尽可能地满足人们不断增长的物质文化需求，为每个人自由、全面发展的理想的实现创造良好的条件。因为这正是个人和集体、国家和社会全部活动的最终目的。

二、荣辱观

荣辱观是人们对待社会、他人给予自身的肯定评价和否定评价的主观态度，也是对自己行为所产生的社会后果的反思。它的客观基础和对象是社会舆论等形式构成的正、反两方面的评价系统，即荣誉和耻辱。

荣誉和耻辱的本身就包含着特定的社会价值尺度，这种尺度是一个社会历史范畴。社会依据这一尺度对个人的行为作出明确的判断，从而构成个人实际的荣辱特性和对荣辱的意识或观念，但这种判断并不总是与个人的行为及效果相一致。

荣辱观是人生观的一个重要体现，在社会成员之间，不仅荣誉观的对象、内涵不同，而且在人们观念中的地位和意义也不尽相同。荣辱观的形成是个体不断接受社会评价，并对社会评价作出内心反映，从而形成稳定的主观意向的过程。

在阶级社会里，不同的阶级有着不同的荣辱观，剥削阶级的荣辱观是以财产和特权为基础的，谁有财富和特权，谁就有荣誉，反之则是耻辱。封建地主阶级把高贵的门第、显赫的官爵看成是最大的荣誉，资产阶级把拥有金钱和财富看成是最大的荣誉，而把体力劳动和贫穷看成是耻辱。

无产阶级荣辱观是人类最崇高的荣辱观，它是建立在对人民、对祖国、对人类进步事业的社会义务的基础上，建立在集体主义的基础上，主张个人荣誉和集体荣誉的紧密结合。集体荣誉包含了个人荣誉，只有关心集体、热爱集体，才能获得荣誉。

三、义利观

义，指道义；利，指利益、功利。所谓义利观，就是人们对道义原则和功名利禄关系的看法。作为人生观的重要部分，它主要是对个人利益与社会道德要求、道德标准关系的认识。

形而上学的思维方式脱离了社会历史，抽象地谈论义、利，并且往往把两者对立起来，看不到它们的一致性。中国伦理思想史上，就始终存在着义利之争，争执的双方或强调超功利的道义原则，或过分强调物质利益，以"利"释"义"。18～19世纪，盛行于英国的功利主义则把行为的功利作为道德的标准。这些都是片面的。

道义原则作为人的行为规范不是离开人的物质利益，甚至与之根本对立的。恰恰相反，之所以制定道义原则，正是为了维护人们正当的权益和功利，所以应当肯定正当的个人利益的合理性与道德性。物质利益和精神情操都是社会成员的需要。高尚的道义精神不是排斥任何功利，而是超越个人利益的界限，以实现和维护人民群众的根本利益。

四、美丑观

美丑观是人们对客观对象的审美评价。其中包括美学意义上对事物本身的感性审美评价，也包括伦理意义上对人的行为、品德等社会历史现象的内在审美评价。

美丑观中包含着强烈的赞赏和厌恶的感情倾向。作为人生观的一部分，美被赋予了善的含义，丑则内在地包含了恶。凡是与历史发展规律相一致的，能推动社会发展和人类进步的社会目的或具有正确的道德价值的思想和行为，一般认为是美的；反之则是丑的。这是美与善、丑与恶的内在一致性。美和丑的标准既有客观性，也有主观认识的相对性。美和丑的判断虽然往往以感性直观的形式出现，但实际上它是在对理想、人生、社会等的理性思考的基础上所形成的美丑观的具体体现。所以，对美和丑的看法从特定的角度反映着人们的道德水平和文化修养的境界。

不同的时代、不同的文化和不同集团的人具有不同的美丑观。美丑观具有时代性、民族性，在阶级社会里还具有阶级性。马克思主义认为，在阶级社会里，不同阶级有着不同的甚至根本对立的美丑观，但同时又承认人类对待某些事物有共同的审美观。

马克思主义的美丑观强调审美的功能性、实践性，同时重视审美的强烈的情感特征和丰富的个性特征。

五、幸福观

幸福是人由于目的和理想的实现而产生的满足感，是对整个生活状态的愉快感受。幸福观则是对这种满足和感受的内涵、意义、地位，个人幸福与社会（集体）、他人幸福的关系以及追求幸福的道路、方法等的理性认识。

幸福不是由偶然因素引起的短暂感受，而是对生活各方面的综合评价，是对人生的深刻体验。因而对人生目的、意义、价值的理解直接制约着人们对于幸福的看法。禁欲主义思想家用道德抗拒幸福；相反，享乐主义者主张"幸福即道德"，两者在这一问题上都有片面性。

马克思主义的幸福观认为，每个人都在谋求幸福，个人的幸福和大家的幸福是不可分离的。马克思主义的幸福观有以下三个特点：

1. 认为幸福范畴是整个历史发展的结果，各个阶级的幸福观是由与各个阶级的经济形态相适应的生产方式所决定的。幸福范畴随着社会的发展而不断地发展和完善。

2. 认为幸福的关键是人的志向、生活目的。真正的幸福在于铲除剥削制度，改变不合理的社会关系，创造全新的、合理的社会主义制度。

3. 认为个人幸福和集体幸福是紧密结合的，强调集体幸福，但从来不否认个人幸福，而是把个人幸福融于集体、民族、阶级和人类的幸福之中。

六、友谊观

友谊观是人们关于在社会生活中形成的自我与他人的友好交往、情感、思想交流等的一般看法。

人的物质和精神需求的满足都不是孤立进行的，人际交往是人生中的重要部分，也是人的存在方式之一。积极的社会交往对于建立和谐的人际关系和良好的社会秩序，具有重要意义；对个人来说，它有助于实现人生目的，促进人格的健康和完善。

友谊观历来为思想家们所重视，例如亚里士多德就曾经认为友谊是社会成员之间相互交往的纽带。怎样看待友谊，也是人生观的重要体现。友谊不是狭隘功利性的相互利用，平等、尊重和关心才是建立友谊的基本要素。友谊是人类文明的重要体现。

七、自由观

自由观是人们在社会实践中，通过对个人与他人、个人与社会联系的观察与思考，逐步形成的关于自由的内涵与意义、自由的限度、自由对人生的意义、自由与人生责任、实现自由的条件和途径以及个人自由与社会人类自由的关系等一系列问题的根本观点。

在自由问题上，绝对意志自由论者认为，人不受任何外在必然性的限制，完全自主。因此，个人要对自己的一切行为负责。相反，机械决定论者认为，人没有任何自由，一切都是被决定的，人只是客观因果关联锁链中的一环。这两种观点都是片面的，都只看到了问题的对立方面。事实上，任何人都无法彻底摆脱必然性的限制，但人具有在必然性提供的可能范围内选择、决定的自由。

自由是人对必然性的认识和对客观世界的能动改造。只有正确认识事物发展的客观规律并在此基础上正确发挥自觉的能动性（包括主体的自主性、积极性、创造性），在改造客观世界的实践中达到了预想的目的，人才能获得真正的自由。人在一定条件下所具有的自由，是以人对自己的行为及后果负有责任为前提的。自由实现的程度取决于对客观必然性的认识和把握程度，是人们自觉主体性力量的展示。

实现人生的价值

学生时代是人生发展的最关键时期。时代要求我们要在学习生活各方面，全方位面对和思考如何正确处理个体与社会的关系等一系列重大问题。我们要学会生存、学会学习、学会创造、学会奉献，这些都是我们将来面向社会和生活所必须具有的最基本、最重要的品质。

其中，最核心的就是学会如何做人，学会做一个符合国家繁荣富强与社会不断进步发展所需要的人格健全的人；学会做一个能正确处理人与人、人与社会、人与自然的关系并使之协调发展的人；做一个有理想、有道德、有高尚情操的人。一句话，做一个有利于社会、有利于人民、有利于国家的人。这就要求我们每个在校的学生，必须从现在做起，牢固树立正确的人生价值观。

一、正确地对待权力、地位、金钱

"我哪有什么财富呀？作为一个学生，买不起车，买不起房，有时学费都交得紧紧张张，日子过得紧巴巴的，你看人家……"经常有人发出这样的感慨，其实我们对财富的理解是片面的。财富并不只是权力、金钱，它们只是财富中比较引人注目的一种而已。

人的一生如潮起潮落，起伏难定，在潮头风光时要看到落到潮底的危险性，在潮底的时候则要向高峰冲击的信心和行动。世界上什么样的奇迹都可能发生，其前提只有一点：我还活着，我要努力行动，我有信心，这是人的一生中最最宝贵的财富。你没什么大出息，可是你毕竟在上学，前途光明。家很温暖——这份亲情是财富，终生值得珍惜。虽然你没有发财却又很想发财,但没有去偷、去抢、去骗、去胡作非为,勤俭持家;虽然不富裕,可还是乐于助人,亲戚关系融洽,同学、朋友们喜欢与你在一起——这种善良品德、气节操守、为人处世也是你弥足珍贵的财富。我们也许没觉察到它们的重要性,但它们终究会给你一份回报。

你的抱怨表示你对现状有所不满,你在试图努力改变它们,在追求你想要的东西——这种欲望、上进心也是财富。也许现在的不如意、逆境、挫折乃至苦难都让你觉得难过,但这都是你的财富。人们常说,苦难是最好的学校,古今中外,凡成就大事业者,无一不是从苦难中走来的。在逆境中,我们会经受各种考验与锤炼,百炼成钢,成就我们非凡的意志品质和能力,"苦其心志,劳其筋骨"、"增益其所不能"。逆境并不可怕,可怕的是,你把它看成结局而不是过程。

二、正确处理理想与现实的关系

人是生活在现实和理想、物质和精神的世界之中的。现实世界、物质世界是人得以生存和发展的基础,理想世界、精神世界则是人生活的动力和价值取向。脱离任何一个世界,都不能算是真正的人的生活。我们主张每个人都应该有一定的物质利益,反对将个人利益置于社会利益之上,唯利是图、损人利己。我们提倡的是将理想和现实、精神和物质统一起来,将个人利益和集体利益结合起来,把个人理想融入全体人民的共同理想当中,把个人的奋斗融入到为祖国社会主义现代化建设事业的奋斗当中。

树立正确的、科学的价值观,不仅要有马列主义、邓小平理论、"三个代表"重要思想等正确的理论为指导,更要勇于实践,在具体的学习生活实践中培养、形成和提升自己崇高的人生价值观。

学生是未来社会建设者的一支重要生力军,影响学生的人生价值观的形成和发展的因素必然是多方面的,不仅需要调动社会、学校、家庭等各方面的积极性,共同做好工作,更需要我们每个学生自觉实践、勇于探索、读书好学、多思好问、革新创造。特别是注意从点滴做起,从身边小事做起,求真务实,把学校和党组织的思想政治教育渗透到我们的日常学习、生活的各个环节之中。加强社会价值的行为规范,经过价值实践的反复强化,锻炼敏锐的思维,形成良好的判断能力,进而确立正确的人生价值观,努力使自己成为21世纪社会发展需要的会生存、善学习、勇于创新的复合型人才。这样才能在整体上有效地帮助我们每个学生树立正确的价值观,摆正社会价值和个体价值、道德价值和功利价值的关系,切实地肩负起建设中国特色社会主义现代化的伟大使命，真正实现人生的价值。

树立崇高理想

青少年富于幻想，具有远大的理想和信念，对未来充满美好的向往。但是他们又是急躁的理想主义者，不能够正确地估计现实生活中可能遇到的困难和阻力，以致在学习、情感等问题上遭受挫折，或见到生活中的一些丑恶现象，就容易引起激烈的情绪波动，产生严重的挫折感。有的青少年甚至感到悲观、失望，严重的更是陷入绝望境地而无法自拔。

首先我们必须认识到理想应该是崇高的，崇高的理想是人从事一切活动的支柱。有时理想碰到实际问题，人们会感到理想与现实的矛盾很大。理想和现实确实存在着矛盾，因为理想本来就是人们对未来的美好目标的合理想象。它源于实践，高于实践，又能指导实践。从某种意义上说，这种矛盾正是历史前进的动力。因此要辩证地看待现实。

首先应该承认矛盾，正视现实中所存在的种种不合理的现象。目前，社会上确实存在着个人主义、金钱万能、享乐至上的腐朽思想，在国家机关和干部中存在着官僚主义、以权谋私、索贿受贿等丑恶现象，但这绝不是我们党、我们社会的本质和主流。恰恰相反，正因为社会上还存在这些腐朽思想和丑恶现象，才更需要我们坚定信念、不懈追求，为人们向往的人与人之间的团结友爱、赤诚相见、风雨同舟、患难与共的局面的形成做出巨大的努力。此外，我们还应该看到今天的社会主义祖国，光明的、积极的、奋发向上的一面毕竟是主流，代表现实社会的主导方面。因此，我们要正视现实，又不屈从现实，坚信真理定能战胜谬误，正义终将战胜邪恶。

理想境界的实现要靠我们去奋斗。理想应该是崇高的，而崇高理想又是包含在活生生的现实中。理想与现实的最佳结合就是放眼未来、立足现实、搞好本职、尽力贡献，以我们的创造性劳动来缩短理想与现实的距离，努力将理想逐渐变为现实。对于中学生来说，就是应该珍惜时间、刻苦学习，掌握实现理想的实际本领，做到德、智、体、美全面发展，努力使自己成为在知识上有力量的人。

青少年学生是祖国的未来和希望，建设高度文明的社会主义现代化强国的重任已经历史地落在青少年一代的肩上。每一个有理想、有抱负、有志气的青少年都应从我做起、从现在做起、从小事做起，积极投身于改革实践，为实现生活的理想而理想地生活，追上未来，把未来变为现实。

要有责任感

责任感，它是健全人格的重要组成部分。它是指个人对自己和他人、对家庭和集体、对国家和社会所负责任的认识、情感和信念，以及与之相应的遵守规范、承担责任和履行义务的自觉态度而产生的情绪体验。

责任感的培养是一个人健康成长的必由之路，也是一个成功者的必备条件。一个人的学识、能力、才华很重要，但缺乏责任感、责任意识、责任心，就不堪入用。那么，怎样培养自己的责任感呢？

同学们随着年龄的增长，逐步形成了一种责任能力，能从自己在社会生活中所处的地位，认识到自己所承担的社会责任，辨认出自己行为的后果，并能控制自己的行为。人们一旦正确地认识和理解到自己应负的社会责任，就会在思想上把它当做分内的事，从而产生了一种强烈的情感，并逐步形成了意志和信念，自觉自愿地、积极主动地、创造性地去担负起自己的社会责任来。

同学们在求取知识与技能过程中的积极的心态，就是对学习的责任感。它体现在把学习知识、掌握技能认定为是自己对社会应尽的义务和责任，并形成一种持久而稳定的心理与行为特征。

在家庭里也应培养自己的责任感，首先应该让自己成为家庭的主人。学生也是家庭中的一员，完全可以承担自己该承担的家庭劳动任务，如扫地、拿碗筷、抹桌子、整理自己的小房间等。自己的事情自己做，家里的事情帮着做。明确了自己作为家庭中的一员，为家里出一份力，这也是培养责任感的重要方面。

人们自觉履行自身的义务，合乎道德的需要，是为了有价值的生活，即对社会有所贡献。所以在平时，我们要注意培养自己热爱劳动、爱护公物，遵守社会公德和秩序，保守国家机密，拥护中国共产党和社会主义制度，维护国家的尊严，保卫和建设祖国，敬老爱幼、赡养父母等责任。这些都是培养自己责任感的重要途径。

另外，我们必须注意从点滴做起，以培养社会责任感，如认真完成老师布置的作业，认真复习并预习好下次课程的内容；懂得学习责任感与学习目的是一致的；经常去做对他人、对集体尽责的实事；通过社会活动、社会实践的陶冶，强化学习责任感和道德责任感，达到自觉、自愿地产生责任感的良好效果。

没有独立于社会之外的人。责任感是我们成人意识的重要组成部分，真正融入社会的基本前提之一，就是培养自我的责任感。

正确看待自身

在现实生活中，我们会看到：有的同学在学习或工作中取得了一点成绩，就沾沾自喜，认为自己"聪明过人"、"智力超常"，导致骄傲自满、故步自封；而有的同学遇到一点困难或挫折，就灰心丧气，认为自己什么都不行，"前程无望"，甚至于甘居下游。为什么会出现这些现象呢？归根结底，是因为这些同学未能正确地看待自己。

我们应怎样正确看待自己呢？

一、辩证地看待自己

唯物辩证法的根本观点是承认矛盾，主要用联系的、发展的、全面的观点来看问题。青少年学生在成长过程中，要学会全面地看问题，即运用一分为二的观点，既看到这面，又看到那面。对自己也要一分为二，既要看到自己的优点和长处，不妄自菲薄，又要看到自己的缺点和不足，不盲目骄傲。辩证地看待自己，才能真正地把握自己。

二、正确地认识自己

既要了解自己的长处和不足，不过分自夸和自责，又不以自我为中心，更不追求过分的赞许，不随意附和、盲从，不要别人曲意取悦于自己。对自己估计过高的人，往往自尊心过强，容易产生虚荣心理，变成自我满足和自我陶醉。这种人往往以自己的长处去比别人的短处，以为自己处处比别人强，一旦别人超过了自己就不高兴，进而产生嫉妒心。别人的幸福和自己的不幸也将使他感到不快，以致心情沮丧、牢骚满腹。

相反，对自己估计过低的人，又常常会产生自卑心理，事事处处都觉得自己不行，一味地自我贬低和逃避退缩。在身体上，嫌自己长得太矮、太胖或太瘦，怀疑自己的健康而郁郁寡欢；在学习上，毫无进取之心，甘居中游、下游；在人际交往中总是一副惭愧、羞怯、畏缩、低人一等的样子。这种人对外界的反应十分敏感，稍稍受到挫折就会心灰意冷，甚至产生厌世、轻生的念头，最终结果不堪设想。

三、正确地对待成绩

"满招损，谦受益"。当我们在学习和工作中取得了一些成绩时，既要肯定自己曾经付出的努力，也要看到党和团的培养、老师的教导、家长的关心支持和同学们的帮助。这样，我们就不会处于盲目状态、自以为是。最好回顾和总结自己现在所取得的成绩、获得荣誉的前因，得出今后该如何去做的正确结论。俗话说，一份耕耘，一份收获。现在的辉煌必是因为你已经付出了大量的时间、精力和汗水才得到的。那时候的你可曾沉醉过？相应的，如果现在沉醉于辉煌，则未来辉煌不再；只有照以前那样继续努力下去，才有可能迎来新的辉煌。

四、正确地对待失败

在人生道路上，谁都希望获得成功、取得成绩。但任何成功往往都是失败的积累，而每一次的失败又是通向成功的一级阶梯。在这一点上，许多科学家的经历给我们留下了宝贵的启迪。在青少年成长的道路上，摔跟头、失败是在所难免的。当我们遇到困难或挫折时，不应该马上怀疑自己的能力，认为自己什么都不行，从而一蹶不振；而应该冷静地加以分析，找出失败的原因和问题的症结所在。当然，也可请老师或家长与自己一起"会诊"，然后对"症"下"药"。这样不仅可以从失败走向成功，还可以从中学到很多东西，为将来更大的成功奠定基础。

追求自我的完善

青少年朋友正处在人生的早春时节、成型时期。谁不希望自己是一个消除了种种缺点、弱点、不足，获得了全面发展的完善的人呢？虽然我们知道绝对完善的人是不存在的，但作为有主观能动性的人，特别是具有强烈的自我塑造欲望的青少年朋友，不断地追求尽可能的自我完善、不断克服自身缺点不足、不断得到新的发展，却是完全可能做到的。这就需要我们：

一、要树立远大的、崇高的理想

自我的理想应合乎自己的基本情况，合乎社会的要求，又应是高境界的，这样才能引导我们不受干扰，积极面对人生，向着目标迈进。它将使我们充实，它将引我们走向成功，它将推动我们个体的不断完善。

二、要加强自身的道德修养水平

继承我们中华民族优秀的传统美德，并与现代社会的新道德修养有机结合，如必要的文明礼貌、高雅的言谈举止、自觉的社会公德心、诚挚的爱心、高尚的为人民服务的思想等，这必然使我们的形象大为改善，人格魅力十足，使自我不断走向完善。

三、努力提高、实现自己的价值

投身到集体之中、社会之中，投身到积极向上的社会生活之中，去提高自己的价值，去实现自己的价值，去用自己的价值为他人、为集体、为社会作出贡献以升华自己。完善的人不是故步自封的人、不是孤芳自赏的人、不是自私自利的人、不是庸碌无为的人，而是有能力实现自己的价值的人。

四、在实践中学会自我评价，发扬优点、长处，改正缺点、不足

只有充分地、客观地、准确地认识到了自身的优劣，所谓"自我完善"才能落到实处。当然这里所说的自我评价，是强调我们自己必须清醒地认识自己，另外不排斥来自外界的反映，来自社会的要求。

五、积极地学习、掌握、运用、发展知识和技能

完善的人不是无知、空虚、浅薄的人，这就需要我们抓住大好时光，学习、学习、再学习，用人类一切文明成果来丰富自己、充实自己，去占据人类社会发展的制高点并继续攀登。

我们应该在自身成长定型的关键时期，按照社会的要求、理想的人生目标去努力，以进行自我改造、自我完善。

培养良好的意志

良好的意志品质（毅力属于其中）是我们同学现在和将来的人生中不可缺少的一种可贵的心理品质。我们都应着力培养这种品质，特别是在面对难事、难题时。那么，怎样去培养呢？我们不妨先了解意志、毅力的三个特征：一是具有一定的自觉目的。二是在克服困难的过程中表现出来。三是以一种受意识支配的、具有一定方向性的行动为基础。我们可以针对这样的特征相应地来努力：

一、加强目的性，强化正确的动机

形成高尚伟大的信念、理想、人生观和世界观，这对培养意志毅力具有头等重要的意义；培养强烈的荣誉感、责任感、义务感和道德感，这也对培养意志毅力起着不可低估的作用。否则的话，为什么还要去克服困难做到某事呢？所以说，伟大的目的产生伟大的毅力，强烈的动机推动有力的行动，高尚的情感孕育坚定的意志。想培养良好意志品质的同学应从根本着手。

二、从小事做起，从易事做起，从现在做起，逐步到大、到难、到未来

通过一个过程培养自己形成坚毅、顽强的品质。在我们的任何学习、劳动、科技活动、文体活动中，都可以作为提供的机会进行为达到一定目的而克服某种形式、某种程度的困难取得成功的锻炼，如前面所说的难事难题。通过日常的、具体的实践来磨炼自己，是培养意志品质的基本途径。竺可桢几十年坚持每天记气象日记，就是小事磨炼意志的典型。我

们可以先克服小困难、积累、发展，逐步克服较大的困难，直至巨大的困难。就从克服睡懒觉开始、就从不完成今天的学习任务不睡觉做起吧，你的毅力会逐渐增强的，你会逐渐形成坚决克服困难的习惯的。

三、自我暗示、自我激励、自我奖惩，促使意志品质的加强

如"考验你的时候到了"、"你是懦夫还是勇士，就看困难跟你谁压倒谁了"等，如表现出一定毅力则对自己表扬一番、进行某种嘉奖，反之则自我批评和进行某种惩罚，这些也有助于意志、毅力的培养。

四、兴趣带来毅力

数学家陈景润能埋头于"哥德巴赫猜想"的枯燥运算中十多年，最终取得成就，正是对于数学的浓厚兴趣所致。不自知其苦，不必畏其难，兴趣所在，毅力随之，这样的例子不胜枚举。因此，我们中学生要有意识地培养自己在诸多方面的兴趣，由感觉而生兴趣、由需要而生兴趣、由理智而生兴趣，对于许多事乐在其中，从事这些事的过程中即使有困难也能克服。于是毅力就自然产生了。这是一种理想的境界，但完全可以达到。

五、坚持体育锻炼

坚持体育锻炼对培养意志也有极为重要的意义，因为：首先，"坚持"本身就是坚强意志的重要组成部分，许多体育锻炼"三天打鱼，两天晒网"或半途而废的人，归根到底就是缺少"坚持"二字。从这个意义上来说，学生什么时候能真正坚持体育锻炼了，他的意志也就坚强了。其次，体育运动是磨炼意志、锻炼意志的有效形式，体育活动更需要意志力的配合和参与。因此，我们可以在不影响学习的前提下积极参加各项体育运动，并且要坚持到底。这样，既锻炼了身体，也锻炼了意志力。

以上这些归根结底，还是需要我们自己主观上的认识、自主性的行动来一一落到实处。不愿经过努力，只想现成拥有，显然是不可能的。

坚韧不拔的品质

人生的道路总有坎坷，有时是严峻的挑战和重大的考验，平时看不出多大差别的人在这时可能迥然不同：有的人被压倒，被迫退缩、放弃；有的人坚定不移，迎接挑战和考验。我们说，在后者的身上，具有一种可贵的意志品质——坚韧不拔。可以预期他们必将驾着生命之舟，把定航向，越过激流险滩，到达胜利彼岸！同学们一定很希望自己能像这样的人，很希望培养自己这种意志，为将来走向社会、干一番事业打好基础，那么应当注意从哪些方面着手呢？

一、强烈的目标意识和使命感

意志之所以能够坚韧不拔,首先是因为意识到自己的目标、要求,清楚地越过眼前重重困难看到远处成功的召唤。有了一个对自己有无限吸引力的目标或者认为目标的实现具有重大的意义,将极大地激发人们动员起全部力量去克服困难,愿意付出一定的代价为实现目标而努力奋进。

二、强烈的自信心

成就事业就要有自信,有了自信才能产生勇气、力量和毅力。只有具备了这些,困难才有可能被战胜,目标才有可能达到。相信自己有能力、有决心实现计划,可以在这个过程中不断自我鼓励、自我推动,坚持到底,最终成功。缺乏自信的人一遇到困难就打退堂鼓,甚至连一道复杂一点的题都不想凭自己的力量来解出它,更何况大的考验和挑战呢?

三、系统固定的计划

有了计划,奋斗就有了明确的目标和具体的步骤,就可以统筹行动、增强主动性、减少盲目性,使奋斗有条不紊地进行。制订为达到目标而进行的分步骤、分阶段的周密计划,自己要让计划有约束力,严格按计划去进行。这样,大的困难就被分解,漫长的路程就有了驿站,一次次执行完毕只不过是克服一个个小困难,但最终实现的却是辉煌。勿空想,求实干!

四、精确可靠的知识

坚韧不拔并不是盲目蛮干,也不是一股狂热冲动下的瞎干,而是基于坚实的、全面的知识准备,基于深思熟虑、有充分根据的勇敢刚毅。知识是前人总结的宝贵经验,掌握扎实的知识,就为做事奠定了理论指导的基础,也只有这样,才能有效地避免盲目,增强目的性和时效性。

五、自主自立与协调合作的结合

有自主自立的能力,才会知道自己应该做什么、应该怎么去做,既不盲从他人、不随风倒,又不孤立自己,而积极寻求与他人的合作,接受他人的有益建议,更有把握地前行,去实现目标。

六、专注、踏实的习惯

日常生活中,哪怕注意一件小事,或者一件不难但繁杂的事,既然决定做、必须做,就坚决去完成它,日久天长,积累而为自己的习性,遇大事、难关也能如此了。

正确对待困难

在日常的生活、学习中,有的同

学在遇到困难时，由于缺乏克服困难的信心和勇气，因而常常退缩，致使许多事情都半途而废。

中学生遇到困难爱打退堂鼓的原因主要有三个方面：一是在行动前没有明确行动的目的、意义，不能有意识地支配自己的行动，缺乏行动的自觉性。二是面对困难时，缺乏解决困难所需的知识、方法和经验，没有解决困难的信心。三是还没有养成以全面的、发展的观点来思考问题的习惯，过高地估计困难，过低地估计甚至看不到自己和集体的力量。

应当怎样克服这种不良习性呢？

一、要从思想上明确自己生活、学习的目的，并以客观的眼光来看待一切困难，认识到它们不过是自己生活道路上的一些沟沟坎坎，不过是奔流直下的大河中的几个小小旋涡。也就是说，要从战略上蔑视困难，这样才能树立克服困难的信心，增强克服困难的勇气。只要我们勇敢地面对它，拥有乐观的精神和自信的态度，就没有不可战胜的困难，胜利一定属于我们。

二、要冷静地、正确地识别困难。首先要认识困难的性质，是生活上的，还是学习上的；是客观存在的，还是人为造成的。然后再仔细分析原因，是它确实超出了自身的能力范围，还是自己这方面存在某些缺陷，抑或是认识不足，一时还未找到解决的途径。这就是所谓的"知己知彼，百战不殆"。

三、要认真地、积极地寻求解决困难的办法。认识了困难的性质和形成原因，我们便可以采取措施，对症下药了。例如，对于许多中学生来说，记英语单词是一个"老大难"的问题。这主要是由于英语单词本身的复杂多变造成的，这时我们面临选择的不是回避，而是知难而进。我们可以广泛地阅读一些参考资料，寻求一些科学的记忆方法，如利用音标记忆、利用构词法记忆、对比记忆等，并要下一定的功夫，这样记起来就比较容易了。

四、平时注意积累，尽可能在平时多学一点，多培养一点解决困难的能力，在关键时刻将受益无穷。当然，有的困难是自己根本无法解决的，那时就应向他人求助，以便尽快解决困难，扫除前进道路上的绊脚石。

五、要借助集体的力量来克服困难。集体的力量是巨大的，只有把自己和集体融合在一起，才能感到自己力量的雄厚，才能增添克服困难的毅力和信心。

总之，遇到困难时，我们应该勇敢面对。俗话说，困难像弹簧，你弱它就强，你强它就弱。不经历风雨怎么见彩虹，无限风光在险峰，不一步步登上险峰，就体会不到困难被我们踩在脚下的成功喜悦，就欣赏不了

"会当凌绝顶,一览众山小"的无限风光。

顺境中戒骄戒躁

同学们可能已经在学习、生活中取得了一定的成绩,获得了不少的荣誉,赢得了许多的好评,也体会到了成功的喜悦,甚至陶醉于激动和幸福之中,这便是我们所说的顺境。那么,处于这种得意境界中的同学应当切记:人生不可能永远一帆风顺、万事如意的,身处顺境时更要戒骄戒躁。所谓居安思危才会永远享受到高枕无忧的开心和快乐,才能在原有的基础上不断地有所突破、有所进步。好在不少同学也已经意识到了这一点,但往往很难抑制自我的兴奋、喜悦和得意,那么怎样才能真正做到在顺境之中戒骄戒躁呢?

一、学会清醒、理智地分析自我、认识自我。不要因为一时的成功而以为自己什么都行、什么都好,以为世界已经向自己敞开温暖的怀抱,觉得万事都可以顺顺利利地进行了。而是要更充分地认识到自己的不足、与他人相比的劣势,并为了有效地抵制成功的自得,你可以适当地放大自己的缺点和不足,把它摆到"影响自己进一步发展"的严重程度,用来冲淡欣喜若狂的感觉。

对自我的客观全面的把握有助于克服"胜利冲昏头脑"的危险。很多人就是因为没有认识到骄傲自满的危险,才走进失败的深渊。

二、让自己的身心投入紧张而充实的学习生活中,去学、去掌握、去提高、去创造。鲁迅先生曾经说过这样一句话:人的精力是有限的,用在这方面的精力多了,用在那方面的精力必然会减少。

一般来说,成功和赞扬总是容易使我们空闲的头脑频频回忆这些美好的瞬间,不断体验喜悦、陶醉的感觉。这样用于体验喜悦、陶醉的精力多了,用在学习上的精力自然就少了。针对于此,我们应当不断地给自己设定新的目标和方向,让自己努力去实现新的任务和目标,让它们占据我们空闲下来的思维和行动的空间。这样既克服易出现的骄傲自满,又有利于自己的进一步提高,可谓一举两得。

三、顺境的美德是节制。中华民族是一个有着悠久历史的礼仪之邦,讲究谦虚礼让是我们的传统美德。因此,每当遇到顺境时,要告诫自己更加谦逊。与别人交往的时候,更加注意方式方法;在平时,更加刻苦努力,让自己的才能尽情地发挥,把事情做得尽善尽美,以无愧于得到的荣誉和赞美。哪怕是对自己的一点小的节制,也会产生巨大的力量。对顺境中的你来说,尤其如此。自我克制会产生自我认识的力量、自我约束的力量和自我推动的力量，更好地认清自己，以后的路才会走得更顺畅。

逆境中的成长对很多人来说，是很难的，但要在顺境中把握住自己、把握住人生、把握住未来则更难。这是对人的一种挑战，也是对自我的一种挑战。

逆境中勇往直前

人的一生境遇很多，有时一帆风顺，有时困难重重。顺利时常常低估困难，洋洋自得；困难时又往往会失去信心，惆怅失意。要做到在顺利时不忘乎所以，逆境时信心百倍，这需要经过反复的磨炼，造就坚韧的性格，即胜不骄，败不馁。

孟子曰："天将降大任于斯人也，必先苦其心志，劳其筋骨，饿其体肤，空乏其身，行拂乱其所为。所以动心忍性，曾益其所不能。"古人是从客观要求的角度来看待逆境对人的作用的，即上天要委于重任的人，必定先要受到大的折磨方能触动心灵、坚韧性格、增长才干，而后才能接受重任。

徐特立老人也曾说过这样一句话：有困难是坏事也是好事，困难会逼着人想办法，困难环境能锻炼出人才来。

这两句话向我们揭示了同一个

真理：逆境能使人成功。

逆境使人成功并不是说人在逆境中自会成功，而是说要经历痛苦的磨炼，战胜困难，走出逆境，才会成功。那么怎样才能走出逆境以达到成功的坦途呢？

首先要充满自信。人在逆境中最重要也是最需要的就是自信心。自信心是什么？就是充分地相信自己具有克服困难的能力和水平，并一定会获得成功的一种意识、一种感觉。有了自信心，可以说已经有了一半的成功。自信来自于什么？自信不是空中楼阁，它来自于勇气，来自于吃苦精神。想要走出逆境，达到胜利的彼岸，就要准备吃苦、准备耐挫，否则自信便成了一句空话。

其次要对自己所处的逆境做出分析，找出不利因素有哪些，然后怎样去一条条地克服。从这个意义上说，自信还来自于智慧，光吃苦还不行，还要善于动脑筋。

每一个暂时身处逆境的学生朋友都应该振作起来，与困难作不屈的斗争，相信成功离自己已经不远。

正确看待顺境与逆境

人总会经历顺境与逆境等不同的人生境遇，并感受着顺逆中的甘苦、福祸与荣辱。在顺境中前进，如同顺水行舟，一切的有利因素使人们更容易接近和实现目标。但是顺境中的宽松气氛、优越条件，又容易使人滋生骄傲情绪、自满自足、意志衰退。在逆境中奋斗，犹如逆水行舟，需要付出更大的努力和更多的艰辛，才可能成功。但是，逆境只是增大了人们向理想、目标前进的难度，而不是消解了实现理想目标的可能性。

事物都是有两面性的，在逆境中向理想目标奋斗，可能会有顺境中难以得到的收获。逆境中的恶劣环境，对于挑战者而言，可以磨炼意志、陶冶品格、丰富战胜困难的经验、丰富人生阅历。只要树立必胜的信念、坚持科学的态度，逆境不但不会把人打倒和压垮，反而能使人的潜能最大限度地迸发出来，创造出乎意料的奇迹。

中国古代著名史学家司马迁惨遭宫刑之祸，蒙受莫大的不幸，但他苦而不悲、孤而不堕，以历代身处逆境而有作为的圣贤为师。他说："文王拘而演《周易》；仲尼厄而作《春秋》；屈原放逐，乃赋《离骚》；左丘失明，厥有《国语》；孙子膑脚，兵法修列；不韦迁蜀，世传《吕览》；韩非囚秦，《说难》、《孤愤》；《诗》三百篇，大抵圣贤发愤之所为作也。"他以此激励自己，终于在逆境中以顽强的毅力为后人留下了不朽的历史巨著——《史记》。

在追求理想的旅途中，顺境和逆境都不可能是永久的。迎高潮而快上，乘顺风而勇进，这是身处顺境的学问；处低谷而力争，受磨难而奋进，这是身处逆境的学问。

因此，当身处顺境时，切莫得意忘形；因为顺境可能只是一时的，必须做好遇到逆境的准备。当身处逆境时，也勿悲观失望，只要勇于战胜逆境，顺境就在前面。无论是顺境还是逆境，对人生的作用都是双重的，关键是怎样去认识和对待它们，只要善于利用顺境，勇于正视逆境和战胜逆境，远大的理想就一定能够实现。

学会理智处事

我们在个人成长、日常生活中，总会遇到各种各样的事情要求我们面对，这其中有不少是我们未曾料到的、不愿碰到的、不能接受的，这时我们做出怎样的反应就很能见出我们驾驭自己情绪、情感的能力。有的同学一遇到此类事便反应过度、情绪冲动，或因高兴之事而狂喜，或因伤心之事而绝望，或因气愤之事而冲动等，往往当时冲动之下说了过头话、做了过头事，头脑清醒之后，悔之晚矣。那么，怎样才能克服好感情冲动的毛病而学会理智处事呢？

一、自我暗示法

容易感情冲动的同学自己是知道的，以前肯定犯过，于是在又面对容易激起冲动的事时，可以抓住时机提醒自己"我好冲动,现在最需要的是冷静"、"在头脑发热时,不要做出任何决定"等。默默多念几遍,力求使自己的情绪回到理智的范围中来,再冷静考虑自己处理这件或那件事的态度和做法。

二、反向驱动法

即自己面对某事本来的反应是什么,那就有意识地迫使自己努力做出相反的反应来,效果会意想不到。比如有人告诉你某同学在背后说你坏话,你原可能勃然大怒,立刻找他去;现在你可以笑起来道:"是吗?你别说,他讲我的这些还当真是我的毛病呢,我要谢谢他,还要请他当面给我再提点意见。"可以预料,结果对方会很不好意思地解释,而别的同学也会钦佩你的大度、虚怀。

三、推迟愤怒法

当某一事件触发了你强烈的情绪反应,在表达出情绪之前,先为自己的情绪降降温,比如在心里对自己说:"我三分钟后再发怒。"然后在心中默默地数,不要小看这三分钟,它在很大程度上可以帮助你恢复理智,避免冲动行为的发生。

四、环境转换法

在情绪即将失控的时候,请赶快转换一个环境,你的注意力和精力也会相应地转移,这可以使即将失控的情绪得到平息。值得提醒的是,你的行动必须及时,不要在消极情绪中沉溺太久,以免最终酿成情绪的失控。

五、描述感觉法

当你情绪激动的时候,可以试着把注意力放在你身体的感觉上,去感觉"我现在心跳很快"、"我现在脸很红"、"我现在呼吸局促"等。当你关注自己身体的时候,实际上是将关注点从事件上转移了。

六、培养与人沟通的能力

不生气的时候,去和身边的人谈谈彼此,听听对方最容易发怒的事情,想一个沟通感情的方式,注意不要生气。也可以约定写张纸条,或进行缓和情绪的散步,这样你们便不会继续用毫无意义的怒气来彼此虐待。经过几次缓和情绪的行动之后,你会发现冲动是多么愚蠢的一件事情。

七、让冲动的情绪在运动中消失

心理学家发现,运动是有效解决愤怒的方法,尤其是多参加户外活动,主动做一些消耗体力的运动,如登山、游泳、武术或拳击等,使不快得以宣泄。当感觉自己的情绪无法控制时,可以主动做一些运动,让冲动的情绪随着汗水一起流淌掉。

八、寻求建议、帮助

遇事冲动时而产生的一些想法，先别急于付诸实践，以免覆水难收。俗话说："旁观者清。"可向自己信赖的、亲近的人讲出你处理此事的想法，让他人对此提出看法和建议，可能会优于作为当事人的自己所要采取的行动。

总之，经常冲动是不好的，它常常会使我们做出一些草率、简单、粗暴的行为，对人对己都不利。青少年朋友应尽可能避免冲动，学会理智处事。

做事要踏实

"脚踏实地"是我们对人的一句赞语，也用来表示对人的一种期望。脚踏实地、一步一个脚印、实实在在是一种可贵的品质，它的对立面是"浮"，是"华而不实"、"言过其实"。它作用于人会导致不同的结果：可能你并不聪明，思维并不敏捷，但因能沉下去努力，踏实地奋进，你会成为一个掌握丰富知识和能力的人、一个有成就的人；可能你挺聪明机灵，接受和反应能力都挺快，可是你靠小聪明，不愿付出艰苦的努力，最终你会一事无成。这并非危言耸听，有无数个例子可以证明。我们青少年朋友应努力戒除自身易"浮"的毛病，培养自己脚踏实地的品质，以利于自身成长。

一、戒"浮"求"实"，应该从思想上解决认识问题，真正下决心去克服、去培养。不要自以聪明为所长，不以勤奋为必需，聪明好比花蕾，如果不以实实在在的努力去浇灌，是不可能长出绚丽的花朵的。从历史上埋头苦干终于有成就的人物，如李时珍、爱迪生等等，到身边踏实学习的同学，再到自己本可以成绩更好些但因不能勤奋用功而不理想的现实，促使自己重视"易浮"为自身前进的障碍，主观上建立克服它、讲求踏实的内心动机。

二、用具体的做法来引导自己走向实在地学习、做事。如上课要求自己记笔记、划书本、回答老师的问题；如陈毅同志说的"不动笔墨不看书"，避免对应当掌握、钻研的知识浮光掠影式的浏览；如考试时迫使自己复查到铃声响再交卷；如生活中给自己规定仔细观察某种事物并进行细致描述刻画的任务等等。良好的品质总是可以通过具体行动来体现，当然也是可以通过具体行动来逐步养成。让自己对学习、生活中的事都规定具体可操作的各项指标，并进行自我检查和评价，以在实践中养成踏实的习惯。

三、时时进行自我督促。学习、做事易"浮"的人，往往自己可以意识到。所以可在遇事时进行自我暗示"我有易浮不实的毛病"等，使

正确对待人生 ZHENGQUE DUIDAI RENSHENG

自己定下心来，切实做好面前的事。当然还可以选择一些有关的格言警句来作为座右铭以提醒自己，形成习惯。相信经过长期的自我督促，我们会渐渐转变自己的做事态度，也就达到了纠正浮躁的效果。

四、从磨炼自己的意志入手，在日常生活中多注意培养自己坚韧不拔的意志、克服困难的毅力、深沉稳重的性格、认真负责的态度和冷静细致的作风，这些更高层次的追求中自然包含着使我们远离"浮华"、趋向"踏实"的因素。在这个过程中也就相应地培养了我们踏踏实实的品质。

五、寻求外在督促。有的同学可能因为自己的自制力差，难以很好地把握自己，以至于有时因不坚决而难发挥效力，那么也就有必要寻求外在的监督了。可以请家长、老师或者同学作为自己的监督者，及时纠正自己做事时不踏实的行为。由于外在的（如家长、师长等）要求能更客观地对待自己，也比较稳定有效，所以是一个不错的选择。

成功者立在辉煌的终点，他的背后是一串长长的、深深的、浸着汗水的足印。我们要想成功，就要一步一个脚印地向前走。

保持兴趣爱好

一位同学一开始对集邮很感兴趣，准备了集邮册，订了《集邮》杂志，常往邮局跑；没多久又喜欢上了书法，把集邮本送了人，买来纸、墨、笔、砚、字帖，练习起来；可现在，练书法的一套东西堆在一旁落灰，他又迷上了摄影……像这位同学这样见异思迁，可以断言任何兴趣都难以持久，当然更说不上结出丰硕的成果了。不能使自己的兴趣爱好持久的人，是没有恒心的人，不利于今后的发展，到头来可能一事无成，因此确实应当着力克服。那么，怎样培养我们稳固而持久的兴趣爱好，进而培养我们的恒心呢？

一、兴趣的出现之初虽是自发的，但深入地维持下去则需要自觉了。在自己对某种活动、某样事物产生浓厚的兴趣之后，要加以认真分析，我们所看到的他人从事这项活动所取得的成就背后是长期的、持久的努力。正如这样一句歌词："不经历风雨，怎能见彩虹？没有人能随随便便成功。"我们既要看到"彩虹"，更要想到它前面的"风雨"才行，然后再权衡自己如果投入这项兴趣中是否有了充分准备，考虑满足这项兴趣要付出的时间、精力、热情、耐性的现实性和可能性。成熟的人不会贸然行动，而是深思熟虑后理智地进行。

二、兴趣爱好真正开始后，要注意在过程中及时给自己一些正面的鼓励，以获得一定成功的喜悦。如果一段时间后进展不大，望望前面路途漫长，就容易降低兴趣甚至放弃了。如练习书法，有意留下第一次写的一张，一周后、半月后、一月后不断地自我对照，也可请行家评判，充分肯定进步，以激发自己进一步提高信心和动力。

三、制订长期的计划，将兴趣爱好转化为必须完成的任务、必须战胜的考验，而非可有可无的点缀。一般来说，明确的任务观、考验观，容易调动起我们自身的种种因素去努力完成。这可以作为自我要求，也可以转化为外在（如父母、师长、朋友等）要求，督促我们自己。但要注意不能把它当做一种负担，否则将事与愿违。只有从中不断得到快乐，才会真正对之兴趣不减。

四、多结交一些有相同兴趣爱好的朋友，一起探讨共同的兴趣爱好，交流心得。这样能更好地让自己感受到其中的乐趣，也就能保持对这种兴趣的吸引力。当然，大家还可以一起开展一系列与共同兴趣有关的小活动，促进对这种兴趣的了解。只有不断地发现新问题，才会有新鲜感，也才能保持这份兴趣。

青少年时代总是容易产生这样、那样的浓厚兴趣，同学们的兴趣不应该是昙花一现，而应该是精心培育、开花结果。

改变怯懦的性格

中小学生中有一些人遇事谨小慎微。遇到陌生人或老师、遇到人多的场合好退缩回避；对某些需要勇气或冒一定风险的事十分畏惧，不敢尝试；对别人于自己的看法很敏感，唯恐哪儿做得不好让人耻笑等等。凡此种种都表明你具有怯懦胆小的性格，亟待改变，否则将严重制约你的成长、限制你未来发展的可能性，甚至可能影响你的身心健康。同学们正在生长发育，性格也完全是可塑的，应积极努力，促使自己摆脱羞怯、畏惧的心理，获得自信、勇敢、刚强、敢于承担风险迎接挑战的性格。

要想改变，首先应明了导致怯懦胆小的主要原因。一般说来，造成胆怯畏惧的因素主要有：一是少儿时代由所受父母、家庭的过分呵护和保护式指导或者过于严格、刻板的管教所致。二是具有内向型和抑郁气质特点，易表现出胆怯、紧张拘束等。三是由比较强烈的自卑感所致，总是对自己缺乏信心，总觉得不如别人。四是由于青少年时期自我意识的增长，常担心遭到别人否定，因此以退缩回避的方式进行心理的自我防御。

对付怯懦胆小的性格虽有些行之有效的方法，但无不需要自己的主动、积极，任何脱离自己主观努力的方法都是不存在的。

一、尝试迈出第一步，在实践中建立和发展自己的自信心。勇敢的人首先是自信的人。要通过对比说服自己比别人更有优势，要通过尝试来证明自己完全可以像别人一样，甚至更出色。在学习、生活、交往中，有很多个"第一次"，迫使自己去开始，一旦开始了，就会发现并非原来想象的那样难，更会发现一个新的自我在逐渐形成，坚定的自信心也就逐渐生成。它将帮助你克服怯懦，遇事敢于展示自己的自信。

二、正视自己的怯懦胆小。它外强中干，你强它就弱，要勇敢地面对它，下决心从现在开始永远不让它支配自己，即使是平常的小事。罗斯福总统有句名言："最值得恐惧的是恐惧本身。"朋友们，振作起来，当你向心中的怯懦畏惧心理"开战"时，就会发现它并非不可战胜。

三、反向驱动法。当你感到怯懦胆小时，应该马上战胜它，否则积久时日，将固定这种心理，更难突破。列宁有次与友人去登山看日出，抄近路从一处险峭的崖壁攀援而上，回来时他拒绝了友人从另一条较宽较平的路走的建议，仍从原路返回，他解释道："登上来时我觉得有点害怕，我不能让它压倒我，让我以后永远害怕！"

四、清醒地、充分地认识自我。勿因一些不足而全盘否定自我，要正确评价自己，也看到他人的不足之处，心理上与其居于平等地位。

五、积极观察他人，与他人交流，有意识地模仿他人的从容举止、果敢言行。

六、自我暗示法。遇事自我暗示"没什么可害怕的"、"紧张无济于事"、"勇敢起来"等。

拥有充分自信

有人曾经说过，自信是成功的一半。拥有自信的人，在学习中才能更好地处理困难和挫折。自信心也是我们良好的心理品质之一。自信就如同人生中的阳光，给我们以力量；自信就像大海航船上的风帆，可以使我们在汹涌的波涛冲击下永远向前；自信就是黑暗中的航标，给我们指明了前进的方向。可以这么说，人可以失去一切，但不可以失去自信！同学们应该从学生时代就锻炼自己常葆自信，这样才能为今后的成功人生打好基础。

要使自己总是拥有充分的自信，特别是在失败时、困难中、挑战面前，我们应该做到：

一、从不失去对自己的正确估价和全面把握

一个人只有充分地认识自己，知道自己究竟是什么水平，才会胜不

骄，败不馁，才会永远自信。经常分析和了解自己的优势和弱点、长处和不足，知道自己的价值所在，就会"不以物喜，不以己悲"，特别是失利时不至把自己看得一无是处，动摇和丧失了信心。

二、用努力学习去培养、发展我们的自信

保持自信的最好方法莫过于经常注意培养和发展自信。学生时代最引人注目的焦点，是骄人成绩。一个成绩好的孩子，总是会得到众人的钦羡，这样的孩子也很容易获得自信。可以给自己制订经过一定的努力可以达到的目标（切记不要好高骛远），并且努力真正达到它。

三、通过展示特长来巩固自信

除了学习，还可以通过在集体中或者与别人交往中展示自己的特长，以此获得外界的肯定，一旦遇到这样的机会，千万不要放过。这可以帮助我们巩固原有的自信，增添新的自信，激发我们向更高的目标迈进，形成良性循环。李白有诗"天生我材必有用"，一个成绩不是很好的孩子，一样可以拥有满满的自信。

四、用体态语言维护自信

一个从表面上看就萎靡不振的人，总会让人在不经意的时候忽略掉，所以体态语言很重要。而所谓体态语言，就是比如说敢于正视别人，不要眼神低垂或闪躲；如加快走路速度25%，不要拖沓、缓慢、无力；如抬头、挺胸、收腹，不要低头含胸松弛等等。这些都有助于暗示你自己是一个充满自信、以自己的表现为荣、明白自身价值的人。另外，整洁清新的外表打扮、清楚有力的话语都能够帮助自己不知不觉地保持充分的自信，或者感到自信在不断增长。

五、用一些小方法找到自信

每天洗漱的时候，对着镜子说："我是最棒的！"每次遇到挫折的时候，暗暗给自己打气："下次我一定可以成功！"在成绩考得不尽如人意的时候，告诉自己胜败乃兵家常事。通过这样的方式来帮助自己面对生活、学习中的挫折和困难，一定可以让自己尽快找到方向，变得自信。

当然，总能保持自信的根本原因还在于我们能在人生当中不断战胜失败、困难、挑战，也不断战胜自己。在遇到困难的时候，给自己加油打气，让自己昂然屹立在困难面前，坚持不懈地努力，不断从失败走向胜利。从这个意义上讲，自信就等于信心加上决心再加上恒心的结果。但是切记，自信绝不是自傲，一定要不断告诫自己，要戒骄戒躁，否则成功只能和自己擦肩而过。

赢得好人缘

每个人生活在社会中，都希望得到大家的友谊、支持和帮助。同学们在校园、班级中生活，也希望这样，可是并非所有人都能做到这样。有的同学在班级中如鱼得水，而有的同学形单影只，没有人缘。

所谓人缘，就是一个人的群众关系。一个人在社会中生活，总希望得到别人的友谊、支持和帮助，而这首先要有一个好的人缘。一个人的群众关系的好坏，原因不在于别人而在于自己。群众好像一面镜子，一个人在这面镜子里的形象如何，完全是他自己言行的客观折射。言谈话语中流露出傲气，大事做不来，小事又不愿做，脏活儿、累活儿不沾边，有些娇气。这样的人，别人当然不会买你的账。

一个人的人缘好不好，实质上是他的价值被别人承认到何种程度。我们不能小看这个问题，它关系到一个人的前途和事业。因为，任何人离开了人们的支持，只能是一事无成。要做到人缘好，并不是很难的，只要从以下几个方面努力，就一定会收到好的效果。

一、矛头对准自己

客观、冷静地分析问题究竟出在哪些方面。是否是个性上的问题，比如不大合群，喜欢独处因而长期疏远了他人；是否有娇、骄二气，引起别人反感，因而使别人疏远你；是否有点儿自私、爱占小便宜，大家对你有看法，不愿与你交往；是否说话做事不慎，比如好冲人，使他人不愿意答理你等等。

二、针对自身问题，从现在做起

立即着手改正。针对个性问题，推动自己积极投身于集体之中、活动之中；针对娇气、骄傲自满的毛病，相应地锻炼、克制、消除；针对自私心理，加强道德感的培养、学习，将"我"放到班级、学校、社会中去体验；针对说话做事的简单冲动，加强自身修养的磨炼。以上这些可以制订计划去落实，并可以请外界监督帮助自己改正。

三、与人为善，善待他人

不是虚伪地讨好，而是真诚的善意。善意地看待和对待他人，发现他人的好处、长处、优点，好言人之善，学会赞扬别人，学会用信任去赢得信任。一个"善"字定下了人缘之所以好的基调。你的善意也会相应地使大家产生对你的善意，愿意接近你、信任你、与你交往，人缘就产生了，你周围人缘好的人正是这样做的。

四、关心他人，乐于助人

人缘好的人也必然是通过他的积极行动，表明大家都需要他，而他也是个乐于付出的人。那种对他人、对集体抱冷漠态度，绝不为别人做一点事的人，是不会有好人缘的。在对他人的关心、帮助中体现了你的价值，证明了你的为人，会产生一种自然的趋向，人们都喜欢你、喜欢与你在一起。为他人、为集体多作贡献吧，他人和集体绝不会忘记你的。

五、对自己的内在、外在形象进行塑造也很重要

你在这个圈子里的某些方面很出众，学识才能很高，对待实际问题很有办法，言谈举止自有一种魅力等，当然会促使周围的人们和你接近，有利于你扩大人缘。因此同学们要很好地塑造自我形象，丰富充实自己，当然这同时需要注意力戒自满自傲才行。

人缘的好坏，关系到我们现在和未来（指进入社会）的地位、前途和事业，愿每个同学都以良好思想言行去获得好人缘。

珍惜友谊

有句话说得好，千里难寻是朋友，朋友多了路好走。有不少同学渴望友谊，爱交朋友，但他们往往不懂得珍惜友谊，结果使得自己的朋友越走越远。

人是群居动物，我们生活在群体中，总希望有更多的朋友支持和帮助，使友谊之树常青。要做到这一点，你就得待人热情、乐于助人。任何人在生活的道路上都会遇到挫折，都会有困难，但是别人的困难，对你来说也许只是易如反掌的事。这个时候伸出你的援助之手，用真诚的帮助去感化你身边的同学，相信你一定会收获一份终生受益的友情。任何一个肯关心、帮助别人的人，都能赢得别人的尊敬。

另外，谦虚谨慎、尊重别人是友谊之树常青的保证。那些目空一切、眼中无人的人，谁还愿与你交朋友？放纵任性、容不得人、斤斤计较是友情的大敌，没有人愿意和一个随心所欲、吝啬、妒忌心重的人交往！愿你以诚待人、乐于助人、谦虚谨慎、戒骄戒躁，赢得长存的友谊！

青少年朋友之间经常通过语言和行动来表达彼此的友谊，这有利于保护和发展彼此之间的感情。但是，该如何表达彼此之间的友谊呢？

有的同学见朋友与别人发生了矛盾，为了表示自己够朋友，不由分说，上去就把别人"教训"一顿；有的同学知道朋友犯了错误，当老师调查到他头上时，他为了表示够朋友、讲义气，帮朋友隐瞒错误；考试

正确对待人生

时，见朋友不会做题，为了表示友谊，帮助朋友作弊；如此等等。这些，都不是真正的友谊，结果只能害了自己的朋友。

朋友之间的表达友谊，应注意以下几点：

一、当朋友取得成绩或做了有利于他人和集体的好事时，为他感到高兴，并向老师汇报，建议老师在班级上对他进行表扬；当朋友受到表扬时，及时向他表示祝贺。

二、当朋友犯了错误时，应坦率、真诚地向朋友指出，帮助朋友终止正在犯的错误；朋友犯错以后，我们应该大胆地对他进行批评，敢于做"诤友"。

三、当朋友有困难时，我们应主动热情地给予帮助。例如，朋友是班干部，我们积极协助他抓好工作；朋友如果遇到学习上的困难，我们应诚心诚意地帮助他提高学习水平，鼓励他树立信心；如果朋友是残疾同学，我们就坚持为他提供各种方便；如果朋友生病了，那么，我们可以带上一束鲜花，去鼓励他战胜疾病；如果朋友家中遭遇到不幸，我们可以细心地了解情况，关心他、安慰他，还可以走访到他的家庭，同他的家人交谈，给予安慰。

四、当朋友同其他人产生矛盾纠纷的时候，我们应及时进行调解，使他们消除矛盾；绝不可以在朋友面前添油加醋，攻击朋友的对立面，那样只会使问题更难解决。

五、当朋友误解你时，你应能给予宽容，坦率地加以解释。如果不行，还可以请老师或其他同学帮忙做工作。总之，要避免激化矛盾。不能采取"你不同我好，咱们就拉倒"的消极办法。反之也一样，当朋友对你产生看法的时候，不要闷在心里，也不要乱猜疑，而应及时同朋友交换意见，通过坦率、诚恳地交谈，来消除误会、消除隔阂，使你和朋友间的关系更为密切。

继承爱国传统

理解爱国主义

广大青少年是新世纪的主角，是祖国社会主义现代化建设宏伟蓝图的绘制者和缔造者，他们是国家和民族的希望。可以说，青少年爱国感情的强弱，直接影响到未来公民的爱国之心、立国之志和报国之举，关系到国家、民族的前途和命运。所以，爱国主义教育必须从青少年抓起，并把它作为思想政治教育的一项基础工程。这对于培养青少年具有爱国的情感、志向和报效祖国的思想，有着极其重要的意义。

在社会主义市场经济条件下，许多新情况、新问题不可避免地出现，如拜金主义、享乐主义、个人主义等现象，而有的人的生理素质和心理素质都不成熟，极容易受到外界不良风气的影响，一部分人的爱国主义、集体主义观念淡薄。让我们回想一下吧，范仲淹的"先天下之忧而忧，后天下之乐而乐"、文天祥的"留取丹青照汗青"，这些都反映了古代仁人志士的救国救民的思想，所以人的本性不是自私的。

弘扬和培育爱国主义精神要与时俱进。爱国主义精神的内涵需要随时代而不断丰富、发展。"要在21世纪实现中华民族的伟大复兴，就一定要丰富和发展伟大的民族精神。"

当代中国，爱国主义与社会主义本质上是统一的。社会主义制度的确立，巩固和发展了新民主主义革命的成果，为我国社会生产力的发展和社会进步提供了可靠的保证与光明的前景，集中体现着国家、民族、人民的根本利益。多年来的社会主义建设，已经使我国改变了民生凋敝、满目疮痍的面貌，成为一个初步繁荣昌盛的国家。社会主义是中国人民的历史选择，是中国走向现代化的必由之路。今天，全体社会主义劳动者、拥护社会主义的爱国者，都越来越自觉地认识到，只有社会主义才能救中国，只有社会主义才能发展中国。拥护祖国统一的爱国者正在为祖国的统一和强盛作出贡献，而且我们相信，会有越来越多的人成为社会主义的朋友。为了促进国家统一大业，我们提出了"一国两制"的方针。我们并不要求所有拥护祖国统一的爱国者都赞同大陆实行的社会主义制度，只要他们赞同"一国两制"，我们就要同他们加强团结。

当代中国，爱国主义与人民民主即社会主义民主，本质上也是统一的。世界上只有具体的、相对的民主，没有抽象的、绝对的民主。民主属于上层建筑，实行什么样的民主，取决于国家和社会制度的性质，社会主义民主同资本主义民主有着根本区别。民主建设是一个过程，它的发展程度又同一定的经济文化状况相关联。我们的党自成立之日起，就为争取人民民主而斗争。现在，我们仍然在为逐步完善社会主义民主和法制进行不懈的努力。在中国共产党的领导下，人民当家做主，建设和管理自己的国家，这是社会主义民主的核心内容。维护和发展社会主义民主，是爱国主义的重要体现。

在当代，国内外敌对势力企图通过和平演变以颠覆中国的社会主义制度，剥夺我国人民主宰自己国家命运的权利，使中国变成西方大国的附庸。如果失去了国家主权、民族独立和国家尊严，也就失去了人民民主，并且从根本上失去了人权。所以我们要树立高度的民族自尊、自信、自强精神，要勇于同破坏国家统一、损害民族团结、危害社会主义事业的行为进行坚决的斗争，要自觉地和社会主义现代化建设事业同呼吸、共命运，在自己的岗位上努力学习、辛勤工作，促进安定团结，促进建设和改革，将继承和发扬爱国主义精神体现在实际行动中。

另外，我们所提倡的爱国主义，绝不是狭隘的民族主义，一叶障目而不见真理。爱国外衣下的狂热，不比那些地震或者海难更可怕？拒绝日本人入内是爱国吗？不吃麦当劳是爱国吗？当爱国以如此敏感和狭隘的方式进入我们的视野中，我们究竟应该庆幸还是悲哀？居心叵测的推断、无聊的口舌之争，又让我们在多大意义上接近爱国的精神内涵？那些过激的言论和行为因为打着"爱国"的旗号而分外冠冕堂皇，似乎只有从这些"不爱国"的名人们的身上践踏而过，才能证实自己更加爱国。爱国本来无错，但是当人们把爱国当做一场时髦的运动，随便找个靶子吐口水的时候，严肃的热情就异化为滑稽的狂热，爱国就在无聊的炒作中病变了。

爱国需要的是实实在在的行动，而不是口号和空谈。中小学生应该从自身做起、从细节做起，也许是爱国主义的最好体现。爱国需要万众一心的凝聚力，需要以天下为己任的责任感。"云横九派浮黄鹤，浪下三吴起白烟"，正在走向复兴的中华民族，其前途和命运已经史无前例地融入了世界的格局。面对百年以来的沉重的历史负荷和千年际遇，冷静、团结、开放和自尊成为我们爱国必需有的心态。

培养爱国主义精神

中小学生作为社会主义未来的建设者，理应把爱国主义的培养放在重要的位置，这也是民族振兴、国家富强的必然要求。那么，学生如何培养自己的爱国主义精神？爱国主义培养应从实践出发、从生活出发、从时效出发。

一、从实践出发

课堂教育是学生接受爱国主义教育的主要场所。作为学生，必须在课堂学习实践中，充分发掘分散在课文里的祖国人文资源和自然资源中深厚的爱国因素，唤醒学生爱国思想和浓烈的爱国情愫，形成民族的优越感、忧患感和使命感。

1. 培养对中华民族悠久历史、卓越的古代文明的自豪感，诸如被马克思高度评价为资产阶级发展的必要前提的四大发明，为世界文化界所推崇为人类文化源头和思想源泉之一的老庄哲学、孔孟儒学等，可以从中强烈感受到中华民族的精神和物质文明史上所表现出来的智慧和创造美，油然而生自豪、自尊和自信的民族优越感。

2. 培养忧患意识。诸如"长太息以掩涕兮，哀民生之多艰"（屈原）式的仰天长叹，"我劝天公重抖擞，不拘一格降人才"（龚自珍）的热烈呼号，这两句都表达了先贤诸哲对罹难祖国及其命运刻骨铭心的忧患意识和危机意识。这种苍凉的忧患意识，贯穿于整个中国文化传统之中。

3. 培养为了祖国的新生和发展而舍弃个人一切的使命意识与牺牲精神。"取义成仁今日事，人间遍种自由花"（陈毅），这种充满悲剧美的千古绝唱，能激沸骨髓深处的爱国热血。应当说，在面临民族生死存亡、"小我"与"大我"两者之间必择其一的关键时刻往往最能迸发出爱国主义激情。

二、从生活出发

提起爱国主义，有人认为是不切实际的、空洞的大道理。其实不然，"细微之处见精神"，在我们的生活中处处不乏爱国主义的高尚之举。当我们向处于困境的同学伸出援助之手；当我们为希望工程捐出一元钱，为贫困山区的人们献出一件寒衣；当我们毕业后回到家乡，建设家乡；当我们学成回国，报效祖国之时……当我们默默地、很自然地做着这一切的时候，不正体现了我们对社会也是对国家的一种责任感、使命感吗？只要我们时刻记住自己是中国人，那么爱国主义就无时无刻不在我们心中。

因此，学生要善于将爱国主义这一大概念具体分解成与生活、学习相关的细节，懂得一些生活小事也能体现爱国行为，自己也能做一些对国家有益的事情。老人们常讲自己童年时期吃野草、喝稀粥，忍饥挨饿，不少人活活饿死的血泪史和新中国人民所过的幸福生活，并希望同学们为国家的富强，珍惜每粒粮食。由此我们可以联想到我国有一些地区的人们还过着比较贫困的生活，如果我们全国每人节约一分钱、一粒粮，那么就可以为国家节约一千余万元钱和几十吨粮食。这样不正是一种爱国行为吗？

三、从时效出发

学生可以借助一些重大和普通的爱国活动来培养自己的爱国主义精神。如今年伴随着"七·一"这一历史性日子的来临，爱国主义热情在中华大地激沸，在海内外亿万华夏子孙心中涌流，由此学生可以抓住这一契机，开展多种形式的以"忆百年史，激爱国情，立强国志"为重点内容的爱国主义系列活动。像"雪洗中华民族耻辱的壮举"主题报告会、"迎香港回归"主题班会、"香港知识问答"等，从中了解祖国悠久历史和灿烂文化。特别是近代以来中国人民为争取独立解放、实现民族振兴的奋斗史，进一步激发我们努力学习，为祖国的社会主义现代化建设贡献力量的使命感和责任感。再如结合日本文部省屡次篡改教科书、歪曲日本侵华史的卑劣行径，进一步了解到中华民族的苦难历史和深重灾难，加深对日本军国主义的憎恨，体会"落后就要挨打"的道理，激发振兴中华的责任感和学习的积极性。

做忠诚的爱国者

邓小平同志曾经指出："中国人民有自己的民族自尊心和自豪感，以热爱祖国贡献全部力量建设社会主义祖国为最大光荣，以损害社会主义祖国利益、尊严和荣誉为最大耻辱。"在新的历史条件下，继承和发扬爱国主义优良传统，弘扬民主精神和时代精神，做一个忠诚的爱国者，是对当代学生的基本要求。

一、应该努力培养热爱祖国、立志为祖国献身的基本素质

"爱国者"是一个抽象的概念，是人们对那些热爱祖国并具有愿为祖国献身精神和行为的人的一种尊称。爱国主义在不同时代、不同国度以及不同身份的人的身上有着不同的体现。例如，我国南宋爱国名将岳飞为御外侮，坚决同朝廷权贵抗争，不惜血染风波亭。再如，著名数学家华罗庚教授，当从报纸上看到新中国宣告成立的消息后，毅然放弃在美国的优厚工作条件和生活待遇，带领全家回到祖国的怀抱，为我国科学事业的发

展作出了杰出的贡献。岳飞和华罗庚，他们虽是不同时代的人，但他们具有共同的品质——当祖国和人民需要自己的时候，毫不犹豫地挺身而出，视祖国的利益高于一切，为祖国奉献自己的一切甚至生命也无怨言。这是所有爱国者的共同特点，也是一个爱国者必须具备的基本素质。这一素质体现在青少年身上，主要表现为热爱集体、关心国家大事、忠于祖国和人民等。

二、要增强民族自信心并树立崇高的民族气节

民族自信心是民族心理素质的精粹，是国民热爱自己祖国，努力为之奋斗的精神支柱。我们的国家是具有五千年发展史的文明古国，我们的民族是世界公认的勤劳勇敢、聪明智慧的民族。我们的祖国曾一度沦为半殖民地半封建的社会，但中国人民在中国共产党的领导下，推翻压在自己头上的三座大山，重新站起来了。社会主义不仅开创了中国历史的新纪元，而且初步为中国奠定了现代化建设的基础，给中国带来了新的光明和希望。我们要懂得我们的过去，更要看到我们的现在和将来，从而增强民族自信心和自豪感，不应该一味地认为别的国家什么都比我们好，自己国家什么都不如别人。我们还应该像众多的爱国名人那样，保持崇高的民族气节。我国古代著名的爱国者苏武，代表汉朝出使匈奴被扣十九年，渴饮雪饥吞毡，牧羊北海、心存汉稷，不辱使节，其崇高的民族气节流芳千古；近代著名学者朱自清一身重病，宁愿饿死也不吃美国的救济粮，其精神骨气令人赞叹……我们要学习他们这种坚持正义，面对外辱自觉维护祖国和民族尊严的崇高气节。

三、要以建设祖国、保卫祖国、推进民族自强为己任，锻炼过硬的本领

我们今天的学习，是为了明天能更好地建设祖国和保卫祖国。祖国明天的繁荣和富强，离不开她的儿女们的共同努力。我们作为祖国跨世纪的建设者，身负重任，应当从现在起牢固树立报效祖国的坚定信念，并努力锻炼过硬的本领。"万丈高楼平地起"。青少年时期精神旺盛、才思敏捷，接受能力和记忆功能，想象力、创造力等均处于最佳状态，正是人生旅途中汲取知识、增长才干的黄金时代。同学们应该好好珍惜，刻苦学习并自强不息，要把"热爱祖国"落实在行动上，从现在做起，从身边做起。要以坚韧不拔的毅力和顽强不息的精神，为将来更好地报效祖国而不断努力。

维护国家尊严

学生应当怎样维护国格，这不仅

是一个十分严肃的道德修养问题，也是人生道路上必须回答的一个现实问题。

国格的基本内涵，就是国家的尊严，是一个国家可尊敬的、独立而不可侵犯的地位，以及基于对这种地位而产生的尊严感。因此，要维护国格，首先就要明确树立祖国的荣誉高于一切的观点，在国际交往中做到不卑不亢、自尊自强。

其次，要在行为上维护国格，还必须在思想上培养爱国主义的情感。因为捍卫国家的尊严，是建立在高度的民族自豪感和民族自尊心的基础上的。当同学们参加庄严的国旗升旗仪式，耳边就会响起"中华人民共和国成立了，中国人民从此站立起来了"的巨人之声；当听到国歌在国际体坛上一遍又一遍地奏起，同学们的心田就会流淌着一股激情；当同学们从荧屏上看到中国的"长征"火箭呼啸直冲蓝天，把一颗颗外国卫星送入太空轨道时，同学们就会感到做一名中国人是多么自豪。为什么？这一切都是因为我们有一个独立自主、繁荣昌盛的祖国。一位伟人曾经说过一句名言："没有什么比独立和自由更可宝贵的了。"因此说维护国格是建立在爱国的基础上的，这个道理同学们都应该懂得。

再次，要维护国格，还必须从我做起，从现在做起。同学们要勤奋学习，掌握更多的科学知识，摒弃种种崇洋媚外的媚气，锤炼为国争光的骨气，将来为祖国的繁荣昌盛贡献自己的聪明才智。要知道国格与国力是不可分割的，一个贫穷落后的国家，在国际社会中很难赢得别国的尊重，落后就要挨打，这样的历史教训难道我们还不清楚吗？20世纪60年代大庆人曾经说过："一个国家要有名气，一个队伍要有士气，一个人要有志气。"大庆人正是树立了为国争气的志向，把"贫油国"帽子抛向了太平洋，维护了中国的尊严。

最后，同学们还必须懂得，维护国格是中华人民共和国宪法规定每个公民应尽的义务。我国《宪法》第五十四条明确指出："中华人民共和国公民有维护祖国的安全、荣誉和利益的义务，不得有危害祖国的安全、荣誉和利益的行为。"在当前改革开放的经济大潮中，我们每一个学生，都要具备为国争光的骨气、为国奋斗的志气、为国捐躯的浩然正气，做到以祖国之荣为荣，以祖国之耻为耻。只有这样，中国才能自强于世界民族之林。

维护国家形象

从国外归来的许多留学生中，大多有一个共同的感受：现在的中国人在异国他乡读书搞研究，被人尊重的程度大大超过了他们的父辈，更不用说祖父辈了。其中的重要原因在于中国的发展让世界瞩目，中国的国际地位持续提高，中国以一个负责任的大国形象赢得了世界的尊重。一般来说，在国外，一个国家的形象良好，其国民给人的第一印象大抵就会不错，受到人们尊敬；国民给人印象不错，赢得他人尊重，其国家形象也会因此而提升。这表明，国家与个人是紧密相关的，个人形象与国家形象是相互影响的。

国家形象虽然比较抽象，但影响国家形象的因素却多是具体的，甚至是细微的。事实上，从国民个人的一言一行，到企业、机构等对外经贸往来的一举一动，乃至一件出口商品质量的优劣，都影响着人们对一个国家的形象的认知与评价。随着改革开放的逐步深入，来我国参观游览、投资经商的外国友人与日俱增，我国人民文明友好、崇尚礼节的优良传统给外国友人留下了很深的印象，如许多拾金不昧、拒收财物的好人好事，成为外国友人的佳话美谈。尽管如此，也时有发生一些给国家形象抹黑的事情，例如出现过一些追随围观外宾索要财物、兑换外币等丧失人格、国格的事。当学生遇到这种情况应该怎么办呢？

一、要树立强烈的民族自尊心，不要抱着"事不关己，高高挂起"的淡漠态度，也不要见此情况绕道而走，回避了事。要意识到少数人尾随外宾索要财物，损害了我国的对外形象，与社会主义精神文明格格不入，也丧失了索要者自身的人格。我们要站在"祖国的荣誉高于一切"、"祖国的形象不可损"的高度上，主动上前劝阻、制止。

二、要注意方法，根据不同的场合采取适当的方法加以制止。如果在学校发现个别同学向来访的外宾索要财物，就要告诫同学，这是一种不文明、有辱人格的行为，而且也触犯了校规。如劝阻不听，可报告有关老师。在社会上发现有人向外宾索要财物，可上前向他说一句"请你尊重自己"，告诫向外宾索要财物的利害关系，并及时劝阻他离开。

三、对个别劝阻不听、纠缠外宾索要财物的人员，要及时向周围的民警同志或城管人员报告，以便有关部门采取适当的措施，制止这种恶劣行为。

有人说，确立一个国家的声望需要多年时间，失去声望却只需要几分钟。这个说法未必准确，但却从一个侧面说明了国家形象的成难毁易。也正因此，国家形象需要我们倍加珍惜，不因一己之失而伤大义。国家形象的塑造急不得，唯聚沙以成塔、集腋以成裘，国家形象方能有大的提升。国家形象也不是装出来、遮出来的，只有内铸好品质，方能外树好形象。

国家形象是一个国家综合国力的具体体现，是民族文化与精神的一种外化，更是一个国家的"软实力"。在复杂的国际合作与竞争中，国家形象有着重要的战略意义。许多国家也正是从这样的高度来认知、打造和提升自己的国家形象的。国家形象不仅是政府的事，也是每一个公民的事。作为国家的公民，包括个人、企业以及其他机构等，对维护和提升自己的国家形象，都负有不可推卸的责任。我们应该用自己文明的言行举止为国家的形象增光添彩。

国家利益和个人利益

古人说，人应有有为之心，以修身齐家、治国平天下为己任。故少年之时，便应立下志向，然后穷其一生，用锲而不舍、坚贞不移之心，以苦心孤诣、奋发图强之势，来完成铺设人生道路之旅。但此过程之漫长、艰辛，诱惑之众多，往往超出最初的想象。故一路走来，折志之人有之，屈服之人有之，易志之人有之，能最终达到最初理想彼岸，少之又少。综合以上原因，除了最初低估了客观因素、高估了主观因素以外，对目标的设定也是一个重要的因素，这使得我们必须认真地思考一个问题：我们非得在压抑人性本身的同时，规划一个"空中楼阁"一样恢弘、不切实际的人生吗？

一直的教育是凡事以国家利益、集体利益为重，正是本着这种精神，我国能从建国之初的百废俱兴、困难重重中迅速冲破帝国主义、敌对国家的恶意封锁，崛起于东方，实现民族自强。但整个过程中，有多少同胞在国家的号召和道德的感召下心甘情愿或被迫地作出了许多的贡献与牺牲。但为了国家的利益，他们义无反顾。

而现在国家经济已经有了长足的发展，人们的物质生活质量已经大大得到了改观。而社会的道德感召力已经开始减弱，人们在追求个人利益的时候，慢慢习惯了抛弃对于一直以来国家及政府关于贡献的价值观。于是人们激烈地批判社会道德的败坏，但往往是人们一边在批判着别人的堕落，一边在努力地朝着与自己批判对象相同的方向奔跑。客观地讲，人性的自私性是不可否认的，追求更好的生活是人的天性，也正是这种美好的品质促进了人类社会的持续发展和进步。这种美好的品质是不能随便就给予否认的，否则，发展经济、崛起国家的目标就不能真正得到实现，国家会再次进入"文革"瘫痪时期，所以承认人性追求个人利益的存在性是国家和个人必须首先认可的观点。

其次，国强则民富，国弱则民贫，个人的利益是建立在国家的利益上的。故要实现个人的利益，必先保证国家的利益。但两者并非简单地建立在非得牺牲一方利益来保证另一方利益的基础上,而恰恰是建立在保证个人利益的同时也能更好地促进国家利益的实现的基础上的。如果否认这一点就会真正形成用虚无缥缈、无法实现的目标和理论来指导实际的工作的行为,进而形成畸形的行为准则、变态的社会关系,滋长黑暗,孕育破坏。因而要真正实现国家或一个团队的利益高效增长,必须先承认并保证内部成员的个人利益,然后以完善的法律法规为保障,依法办事,削弱个人权利,避免用假大空的口号和道德号召滋长真正的腐败和黑暗。

因此,人生首先应修正自身关于追求假大空的人生目标,承认人性本身的种种特性,尊重别人的利益,树立符合实际的人生目标的规划,养成凡事从兼顾国家利益、集体利益及个人利益的角度来思考问题,学会观察现有法律法规的漏洞、思考弥补方法及严格依法办事的个人习惯和原则。用"穷者独善其身、达者兼济天下"的心态,明确个人自身地位及能量,做符合个人身份及能力的事情,力图在实现国家利益的同时,实现个人人生价值。

保护国家利益

青少年要培养爱国情操,不仅需要有强烈的爱国之情,更要有自觉而持久的爱国之行,这种爱国之

行的集中体现就是国家利益高于一切。国家利益范围很广,在类别上有政治、精神方面的,有文化、艺术方面的,有物质、资源方面的等;在程度上大到国家主权,小到公共财物。我国是社会主义国家,国家利益即是劳动人民的集体利益,损害国家利益就是损害了公众利益,不能允许任何损害国家利益的行为发生。每个人只有尊重、维护国家利益的权利,绝没有任意损害国家利益的自由。

怎样阻止损害国家利益行为的发生呢?一方面,应当采取说服、劝阻的方法,制止损害国家利益的行为;另一方面,如果一旦发现这种行为,而自己又无能力解决时,要及时向有关部门举报、揭发,以便迅速、有效地制止行为的扩展。具体说来,要注意以下几点:

一、看到有人损害国家利益,自己心理上要产生一种自觉地维护国家利益的责任感。

我们每个人都是国家的公民,公民有权维护国家利益。要从思想上激发起对损害国家利益行为的羞耻和鄙视,从而勇敢、大胆地对损害人进行说理、劝阻,向这些人讲清国家利益是人民公众的利益,只能维护不能损害的道理,以理服人,让行为人及早停止损害行为。

二、在以理说服、劝告无效时,应再从法制角度给损害人以警告,让其明白损害国家利益,不仅有害于人

民,而且违法,甚至是犯罪。若不立即停止,将受到法律制裁。另外,从法律上讲,不管损害人是否是至亲好友,都要一视同仁,不能包庇,帮助隐瞒,否则也是违法。

三、当损害国家利益的事程度严重,而青少年的行为能力不能达到劝阻和制止时,要立即主动、及时地向有关部门报告,借助于专门机关的强有力手段,尽早及时禁止损害人的损害行为,并对严重触犯法律的人,绳之以法,保护国家利益不受损害或少受损害。

总之,作为一个青少年,千万不能产生损害国家利益与己无关的错误思想,或听而不闻、视而不见,听之任之;也不能因为损害行为情节轻、损害小,而麻痹放松,更不能产生"偶以恶小而为之"的念头。我们必须坚决、果断、勇敢地与损害国家利益的人和事作斗争。

维护国家安全

国家安全就是一个国家处于没有危险的客观状态中,也就是国家既没有外部的威胁和侵害,又没有内部的混乱和疾患的客观状态。国家的外部威胁和侵害主要是指处于一国之外的其他社会存在对本国造成的威胁和侵害。内部的混乱和疾患是指国内的混乱、动乱、骚乱、暴乱,以及其他各种形式的疾患。只有在同时没有内、外两方面的危害的条件下,国家才安全。因此,这两个方面的统一,才是国家安全的特有属性。

有国家就有国家安全工作。古今中外,概莫能外。无论处于什么样的社会形态,或者实行怎样的社会制度,都会视国家利益为最高、最根本的利益,将维护国家安全列为首要任务。所以,每位学生都应当成为国家安全和利益的自觉维护者。

一、要始终树立国家利益高于一切的观念

邓小平同志指出:"国家的主权、国家的安全要始终放在第一位。"一位已故的政治家也说过:"没有永久不变的国家友谊,只有永久不变的国家利益。"国家安全涉及的国家社会生活的方方面面,是国家、民族生存与发展的首要保障。科学技术是没有国界的,但知识分子不能没有自己的祖国。所以,把国家安全放在高于一切的地位,既是国家利益的需要,又是个人安全的需要,也是世界各国的一致要求。

二、要努力熟悉有关国家安全的活动、法律法规

有人统计,涉及有关国家安全和保密工作的法律法规、规章制度有一百多种,我们都应该有所了解,弄清什么是合法,什么是违法,可以做什么,不能做什么。其中,特别应当熟

悉以下一些法律法规：《宪法》、《国家安全法》、《保密法》、《刑法》、《刑事诉讼法》、《科学技术保密规定》和《出国留学人员守则》等，对遇到的法律界线不清的问题，要肯学、勤问、慎行。

三、要善于识别各种伪装

从理论上讲，有关国家安全的常识、规定都是比较完善的，只要依规行事，就不会出什么大问题。但是，实际情况比我们想象的要复杂得多。比如，有的间谍情报人员采用五花八门的手段来套取国家秘密、科技政治情报和内部情况。如果放松警惕，就可能上当受骗，甚至违法犯罪。因此，在对外交往中，既要热情友好，又要内外有别、不卑不亢；既要珍惜个人友谊，又要牢记国家利益；既可争取各种帮助、资助，又不失国格、人格。识别伪装既难又易，关键就在淡泊名利。对发现的别有用心者，要依法及时举报，进行斗争，绝不准其恣意妄行。

四、要克服妄自菲薄等不正确思想

自不待言，任何国家都有自己的安全与利益，也有别人没有的政治、经济、文化、军事、科技、资源的秘密，还有独具特色的传统工艺等。也就是说，再富有的国家不可能应有尽有，再贫穷的国家也不可能没有一点别国羡慕的东西。中国是发展中的国家，但又是不可小视的国家。作为中国人要挺直腰板，绝不妄自菲薄、悲观失望。要看到我们也有许多世界第一的"中国特色"，有一系列国家秘密和单位秘密。对于这一切，如果没有正确的认识，就可能在许多问题上产生错误的看法，乃至做出亲痛仇快的事情来。个别误入歧途的青年学生的教训已成前车之鉴，千万别再重蹈覆辙。

五、要积极配合国家安全机关的工作

国家安全机关是国家安全工作的主管机关，是与公安机关同等性质的司法机关，分工负责间谍案件的侦查、拘留、预审和执行逮捕。当国家安全机关需要人家配合工作的时候，在工作人员表明身份和来意之后，每个同学都应当按照《国家安全法》赋予的安全义务的要求，认真履行职责。尽力提供便利条件或其他协助，如实提供情况和证据，做到不推、不拒，更不以暴力、威胁的方法阻碍国家安全工作人员执行公务，还要切实保守好已经知晓的国家安全工作的秘密。

重视国家秘密

国家秘密是指涉及国家的安全和利益，尚未公布或不准公布的政治、经济、军事、外交、公安、司法和科

技的秘密文件、秘密材料、秘密情报和情况。保守国家秘密,是巩固人民民主专政、防止国内外敌人进行破坏和颠覆活动的重要手段,也是保证改革开放和社会主义现代化建设顺利进行的必要措施。所有知悉或接触国家秘密的人员,都应当依照《保密法》来规范自己的言行,严格履行保密义务。

国家秘密的密级分为绝密、机密、秘密三级。各级国家机关、单位对所产生的国家秘密事项,都应当依照国家有关保密规定确定密级和保密时间。任何国家机关、单位的工作人员都要严格遵守有关的保密制度,不随便探知不应知晓的国家秘密;不在私人交往和通信中泄露国家秘密;不在公共场所谈论国家秘密;不非法携带、传递、邮寄有关国家秘密的文件、资料和其他物品等。对于违反《保密法》规定,故意或者过失泄露国家秘密的,则要视其情节的轻重,给予行政处分或者依法追究其刑事责任。对于为境外机构、组织、人员窃取、刺探、收买、非法提供国家秘密的,要依法追究其刑事责任。

《中华人民共和国保守国家秘密法》第二章第九条明确规定:"绝密是最重要的国家秘密,一旦泄露会使国家的安全和经济利益遭受特别严重的损害。"国家安全和国家经济直接关系到国家生死存亡的大问题,

关系到每一个公民的切身利益能否得到保障。因此,保守国家秘密、自觉遵守保密规定、维护国家的安全和利益,是每个公民必须认真履行的义务。

倘若你在回家或去学校上学的路上拾到一份标有"绝密"字样的文件材料,你应该怎么处理呢?

在拾到"绝密"文件材料时,应注意保持文件材料的完善,绝不可散失。如果是未开封的,绝不要开启封口。要妥善保管,不得私自翻阅、传阅,更忌声张,更不得复制、摘抄。"绝密"文件材料只有经过批准的人员才能接触,因此,应迅速向当地公安机关或国家其他有关机关、单位报告,并上交材料,以防在你手中泄密、失密,给国家带来重大损失。

总之,每一个中学生都应自觉遵守国家的保密规定。在我国对外实行开放,对内搞活经济的形势下,应不为物质利益所诱,自觉同国内外敌特和不法分子作斗争,做一个遵纪守法的、合格的"四有"新人。

理性地表达爱国热情

古往今来,人们可以用无数故事来证明"爱国"这人类"最高的道德"的崇高。令人感动的不是这种道德的结果,而是这样的道德往往蕴藏于普通人的心灵、勃发于国家民族的特殊时机。

面对国家利益受威胁、民族尊严

受挑衅,任何一个中国人都不会无动于衷,都想表达义愤之情,想做点什么,以使那些侮辱中国人、诋毁北京奥运会的人知道"中国人不可辱,中国不可欺"。这种初衷是朴素的、可贵的,而一个理智的人,还会充分考虑行为是否得当,导致的结果是否会背离初衷。

爱国不需要任何理由,但爱国行动却需要方式、方法和策略。在爱国热情高涨的氛围中,我们需要对爱国的方式做一些理性思考,思考如何更有力地表达爱国热情。面对一些涉及国家利益的大是大非的问题,用一定形式来做出理性的表达是爱国热情的具体体现。

一、理性地表达爱国热情要有自强不息的精神

"天行健,君子以自强不息"。如果没有强大的国力,国家平等和尊严就无从谈起,把自己的国家建设好,是爱国热情的最好表达方式。歌德说:"我们为祖国服务,也不能采用同一种方式,每个人应该按照自己的禀资,各尽所能。"中华民族的崛起是每个炎黄子孙的共同心愿,要让祖国变得更强大,需要我们每个人的努力,需要我们从做好自己的事情开始!

二、理性地表达爱国热情要有自信的心态

经历了30年改革开放,中国已经不是往日意义上的那个中国。一个国家的强大不只是物质上的强大,还要求她的国民具备更自信的心态。作为世界公认的大国国民,我们应当走出积贫积弱的历史阴影,心态理当更加开放、包容、坚韧、成熟。在某种意义上,中国人正经历一次考验。拥有更为理性、笃定的国民,对国家未来的发展以及外交会带来更广的空间和余地。

三、理性地表达爱国热情要有开阔的眼界

在一个全球化的时代,盲目地抵制外国货,不利于我们融入世界经济大格局。正如新华社报道援引一位重庆青年的话说:"中国人可以抵制家乐福,法国人也可能抵制中国货,这对两国都没有好处。"西方少数别有用心的人,不代表西方国家广大人民。开放的中国必须坚定不移地走向世界,我们应当有这样的世界眼光。

作为爱国的公民,我们有激情爱国的权利;作为爱国的公民,我们又有理性爱国的责任。激情加理性才是表达爱国热情的正确态度。

尊重国旗

《中华人民共和国国旗法》(以下简称《国旗法》)第十条规定:"在公众场合or故意以焚烧、毁损、深划、玷污、践踏等方式侮辱中华人民

共和国国旗的，依法追究刑事责任；情节较轻的，参照《治安管理处罚条例》的处罚规定，由公安机关处以十天以下拘留。"《国旗法》第三条指出："中华人民共和国国旗是中华人民共和国的象征和标志。每个公民和组织，都应当尊重和爱护国旗。"所以维护国旗的尊严，就是维护祖国的尊严，这是一种具体的爱国主义行为。作为一位爱国者，理应义不容辞地捍卫国旗，如果看见有人故意玷污国旗必须与之展开坚决的斗争，甚至以自己的生命来保卫国旗。

我们的祖国是一个具有悠久文化传统的文明古国，我们的先辈曾为我们谱写过一曲曲惊天地、泣鬼神的爱国主义正气歌。屈原的《离骚》、岳飞的"精忠报国"、文天祥的"人生自古谁无死，留取丹心照汗青"、夏明翰的"砍头不要紧，只要主义真"等，他们的爱国主义浩然正气永远如群星闪耀，光照千秋。同学们都会记得抗日战争时期流传着一则王二小放牛娃的故事：一天，日本强盗闯进村来烧杀抢掠，昏头昏脑地迷失了方向，抓住了二小要他带路，二小怀着一腔爱国热情与对敌人的刻骨仇恨，把敌人带进了八路军的埋伏圈，四下里呼呼拍拍地响起枪炮声，打得鬼子魂飞魄散。我们的小英雄为捍卫祖国的领土完整，将一腔热血洒在故乡的黄土地上，他的事迹随风颂扬，他的英名永垂不朽。

我们的国旗曾经历了血与火的洗礼，中华人民共和国的旗帜上有血染的风采。我们这一代要继承发扬革命前辈的爱国传统，热爱中华，保护国旗，发现有人故意玷污了国旗，要与之展开殊死的斗争。当然与坏人作斗争要讲究策略，敌我双方力量悬殊，寡不敌众时，可以设法报告公安部门处理。

另外还必须分清有意与无意损害国旗的本质区别，若见人不小心弄损或弄脏了国旗则应及时做出补救措施。

我们知道，国旗是国家的象征和标志，通过必要的仪式，强化人们对国旗、国徽等国家象征物的崇敬感和神圣感，这是许多国家通用的一种教育手段。所以我国《国旗法》第一条指出：为了维护国旗的尊严，增强公民的国家观念，发扬爱国主义精神，根据《宪法》，制定本法。《中华人民共和国国旗法》第六条规定："全日制学校，除寒假、暑假和星期日外，应当每日升挂国旗。"第十三条具体规定：升挂国旗时，可以举行升旗仪式。举行升旗仪式时，在国旗升起的过程中，参加者应当面对国旗肃立致敬，并可以奏国歌或唱国歌。

那么，我们应当怎样参加升旗仪式呢？

首先应遵循一定的升旗程序，主

要有下列步骤：

一、出旗：乐曲声中，仪仗队出场，接着旗手持旗，护旗排列在旗杆的两侧，在场的全体师生肃立。

二、升旗：奏国歌，全体师生行注目礼，少先队员行队礼，应着国歌的节奏，五星红旗在蓝天下冉冉升起。

三、唱国歌。

四、国旗下讲话：由校长或其他教师、劳动模范、先进人物等作简短而有教育意义的讲话。

其次，必须从思想上真正地投入，这是很重要的一点。《国旗法》第三条提出："每个公民和组织，都应当尊重和爱护国旗。"所以我们在举行升旗仪式时始终应抱着崇敬、严肃的态度，发扬爱国主义精神，以饱满的政治热情，全神贯注地接受爱国旗、爱祖国的德育教育，看着国旗徐徐升起，和着国歌的高昂旋律，会激励我们居安思危，不忘祖国"百年魔怪舞蹁跹，长夜难眠赤县天"的过去，不忘无数先烈用鲜血染红的国旗风采，从而想到我们这一代人肩上的重任，为中华腾飞而努力掌握科学文化知识，将来参与世界先进行列的竞争。

举行升旗仪式时，学校应以班级为单位，有秩序地整队前往指定地点集合，静候升旗时刻的到来。通常情况都应如此，如若身体突然不适，动作稍有些迟缓，或遇有偶发事件必须紧急处理，延误整队时间，迟到了该怎么办？眼看操场上的队伍整齐，国歌声中，国旗冉冉升起，此时若避开不去或是急匆匆闯进去，都是对国旗的不礼貌与不恭敬，其方法应该是立即面对国旗方向原地肃立。

因为学校举行升旗仪式活动的目的是对全校师生员工进行维护国旗的尊严，增强公民的国家观念、发扬爱国主义精神的教育，所以准时参加集体升旗仪式是应该的也是必要的。如果遇到上述特殊情况也应该正确对待，不必张皇失措，无所适从。根据国家教委关于施行《中华人民共和国国旗法关于严格中小学生升降国旗制度的通知》第一大项中的第三项的第五条："每日升降旗时，凡经过现场的师生员工都应面对国旗，自觉肃立，待国旗升降完毕时，方可自由活动。"这一规定可供在参加升旗仪式时偶然迟到的同学作行动准则。

关心国家大事

调查统计表明，在2009年学生每天从新闻媒体中了解国内外大事所用的时间在30分钟以上的，占总数的82.7%；在60分钟以上的，占总数的34.4%。

由此可见，学生关心国家大事的积极性还是很高的。那么，青少年应该如何关心国家大事呢？

一、坚持党的四项基本原则，坚持社会主义的政治方向

当今世界存在着社会主义制度和资本主义制度。两种制度的共处和斗争是今后相当长的历史时期内存在的客观事实。我们既要看到资本主义制度在反对封建专制和神权政治的斗争中曾经起过的历史进步作用，又要通过种种现象，认识它的矛盾、本质和阶级局限性。而我国的社会主义政治制度尽管还要进一步完善，但它在本质上代表着历史发展的方向，具有强大的生命力，是优越于资本主义政治制度的。因此，我们应更加热爱社会主义制度，坚定社会主义的政治方向，增强坚持四项基本原则的积极性。

二、积极投身社会主义现代化建设中去

当前，我们伟大的祖国正处于社会主义建设的新时期，建设富强、民主、文明的社会主义现代化国家是我国各族人民最大的政治。党和政府为我国社会和经济的发展规划了宏伟的蓝图并制定了"一个中心，两个基本点"的正确路线，确保了我国沿着社会主义方向的发展。古人说："国家兴亡，匹夫有责。"我们要肩负起建设有中国特色的社会主义的历史重任。为此，我们要掌握观察社会政治现象的正确观点和方法，懂得管理国家和社会的基本常识，增强法制观念和政策观念。这样，就能够更好地参与我国社会主义现代化建设。

三、必须跟上时代发展，面向世界，面向未来

要了解国际社会，要放眼世界。认识当代国际社会中和平与发展两大主题；认识当代国际社会是一个既互相依存又充满矛盾和斗争的社会。同时在许多领域内都要进行一定的合作，从而增加坚持对外开放的自觉性。

从另一个角度来讲，青少年关心国家大事，尽公民义务，其实就是参与国家的民主政治生活。

一、参与政治生活，我们首先要明确政治生活的作用

政治生活与文化生活、经济生活存在相辅相成的关系。政治生活的内容更多地涉及社会公共管理和公共利益的问题。这直接关系到人民民主的实现程度，与每个人的利益密切相关。对政治生活漠不关心，损害的是全体人民的利益。因此，我们要树立关心国家大事和社会事务的观念，自觉投身于政治生活之中。

二、参与政治生活，也需要我们学习政治知识

学习政治知识，有助于我们掌握

马克思主义的基本观点，提高明辨是非的能力，坚持正确的政治方向；有助于我们放眼世界，紧扣时代脉搏，开阔面向现代化、面向世界、面向未来的眼界；有助于我们树立"国家的利益高于一切"的国家观念，关心国家大事，自觉地服从和维护国家利益；有助于我们增强公民意识，树立社会主义民主政治、自由平等、公平正义的观念；有助于我们提高自身的政治素质，提高参与国家政治生活的能力。

三、参与政治生活，更重在实践

对于我们中学生来说，参与学校的时事政治学习，养成阅读、收听和收看新闻，关心社会和国家大事的习惯，参与共青团的活动，参与居住地的居民委员会、村民委员会的管理活动，参与拥军优属、拥政爱民的"双拥"活动，参与网上评议政府的活动，年满十八周岁的公民参与选举，这些都是参与政治生活的实际行动。

恪守诚实信用

了解诚信的重要性

诚信是一个道德范畴，即待人处事真诚、老实、讲信誉，言必信，行必果，一言九鼎，一诺千金。它在《说文解字》中的解释是："诚，信也"，"信，诚也"。可见，诚信的本义就是要诚实、诚恳、守信、有信。

一、诚信是支撑社会的道德的支点

诚信是我国传统道德文化的重要内容之一，"诚信者，天下之结也"就是说讲诚信，是天下行为准则的关键。在我国传统儒家伦理中，诚信是被视为治国平天下的条件和必须遵守的重要道德规范。古代圣贤哲人对诚信有诸多阐述，比如，孔子的"信则人任焉"、"自古皆有死，民无信不立"、"人而无信，不知其可也"、"民以诚而立"；孟子论诚信"至诚而不动者，未之有也；不诚，未有能动者也"；荀子认为"养心莫善于诚"；墨子曰"志不强者智不达，言不信者行不果"；老子把诚信作为人生行为的重要准则，"轻诺必寡信，多易必多难"；庄子也极重诚信，"真者，精诚之至也。不精不诚，不能动人"，庄子把"本真"看做是精诚之极致，不精不诚，就不能感动人，这就把诚信提高到一个新的境界；韩非子则认为"巧诈不如拙诚"。

总之，古代的圣贤哲人把诚信作为一项崇高的美德加以颂扬，生动显示了诚信在中国人心目中的价值和地位。从古到今，人们这么重视诚信原则，其原因就是诚实和信用都是人与人发生关系所要遵循的基本道德规范。没有诚信，也就不可能有道德。所以诚信是支撑社会道德的支点。

二、诚信是法律规范的道德

诚信原则逐步上升为一种法律原则始自《罗马法》，后来被法制史中重要的《民法》所继承和发展，比如法国民法、德国民法、瑞士民法等。如《瑞士民法典》总则中的第二条规定："任何人都必须诚实地行使其权利并履行其义务。"

诚实信用也是我国现行法律的一个重要的基本原则，在《民法通则》、《合同法》、《消费者权益保护法》中有明确的规定。由于其适用范围广，对其他法律原则具有指导和统领的作用，因此又被称为"帝王规则"。可见"诚实信用"并非一般的道德准则。在诚实信用成为法律规范的时候，违反它，所承受的将是一种法律上的责任或者不利于自己法律后果。这种法律后果可以是财产性的，也可以是人身性的，可以是民事的、行政的，甚至可以是刑罚。因此，诚实信用又是支撑社会法律的支点，是法律规范的道德。

三、诚信是治国之计

诚信为政，可以取信于民，从而政通人和。倘若言而无信、掩人耳目、弄虚作假，社会就无从安定。古有"欺君之罪"，"欺君"不仅是冒犯尊严，而且会误导决策、祸国殃民。"欺民"亦不可，所以有"水可载舟，亦可覆舟"之说。中国古代有商鞅"立木树信"的佳话，也有不讲诚信而自食恶果的烽火戏诸侯。中国古代思想家更是把诚信作为统治天下的主要手段之一，唐代魏征把诚信说成是"国之大纲"。可见诚信的重要性。

当前党和国家提出的"以德治国"，是诚信为政的体现，也是对我国优秀政治思想的继承和发扬。落实"以德治国"，贯彻《公民道德建设实施纲要》，在全社会倡导诚实守信的精神品质，是对优良传统的继承，也是时代的要求。

四、诚信是行业立身之本

诚信是为人之道，是立身处事之本，是人与人相互信任的基础。讲信誉、守信用是我们对自身的一种约束和要求，也是外人对我们的一种希望和要求。如果一个从业人员不能诚实守信，那么他所代表的社会团体或是经济实体就得不到人们的信任，无法与社会进行经济交往，或是对社会缺乏号召力和响应力。因此，诚实守信不仅是社会公德，也是任何一个从业人员必须遵守的职业道德。

诚实守信作为职业道德，对于一个行业来说，其基本作用是树立良好的信誉，树立起值得他人信赖的行业形象。它体现了社会承认一个行业在以往职业活动中的价值，从而影响到该行业在未来活动中的地位和作用。"人无信不立"，对于一个行业来说，同样只有守信用、讲品德，才能从根本上做好行业品牌，树立良好的行业形象。

正确看待不诚信行为

青少年要想成为对社会和国家有用的人，就必须从诚实守信做起，对

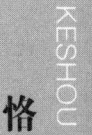

人诚实，对事负责，养成良好的诚信品德。

什么是诚实守信？诚实守信就是忠诚老实、信守诺言，是在待人接物方面的一种重要的行为准则，千百年来一直被视为做人的美德。所谓诚实就是不讲假话。所谓守信，就是信守诺言，说话算数，讲信誉，重信用。诚实和守信两者意思是相通的，是互相联系的。诚实是守信的基础，守信是诚实的具体表现，不诚实很难做到守信，不守信也很难说是真正的诚实。

在日常生活中，诚实守信是很重要的。青少年学生的主要任务是学习，生活中的主要事情是与人交往。在部分中小学生里有不诚实、不守信用的现象。少数青少年不诚实的行为主要表现在说谎和抄袭作业两个方面。就说谎这种不诚实的行为来说，一是在父母面前说谎。如谎报学习成绩，涂改成绩报告；放学贪玩回家晚了编假话骗父母；犯了错误瞒着父母等。二是在老师面前说谎。如代替父母签名、写留言、写假条，或找同学代写以欺骗老师。三是在同学面前说谎。如吹嘘自己家庭如何有钱有势，吃喝穿戴如何高档。这些不诚实行为，说明少数中学生还没有形成正确的价值观和良好的诚实守信品德。

通过一项调查显示，有36%的同学是为了免遭父母责备、打骂而说谎。有17%的学生认为，在老师面前说谎，是为了江湖义气，认为不能出卖朋友，认为多个朋友多条路，多个冤家多堵墙，认为讲了真话同学会怨恨自己、报复自己，对自己不利；还有的认为，在老师面前说大话可以赢得老师的好感。在同学面前说谎，是虚荣心在作祟。

抄袭作业是更为严重的欺骗行为。抄袭作业实际上是偷取别人的劳动成果，是不诚实行为，对学习是十分不利的。而这类行为在中学生中较多，据对学生的问卷统计，约23.9%的学生有过这种行为。这类学生一般有以下两种情况：一是请别人代做作业，自己则坐享其成。这类行为大都出现在寒、暑假作业及平时作业量大的情况下，有的学生甚至花钱请别人代做。二是抄袭作业，有全部照抄的，也有部分抄袭的。这类行为有多种情况：学习困难的学生确实无能力独立完成作业，又怕完不成作业被老师批评，恐惧心理和畏难情绪交织在一起，于是选择了既省力又能向老师交差的捷径；有些学生自信心不足，怕自己做得不对而抄袭别人的作业；再有的是为了得高分，为了赢得老师的好评而抄作业。这类学生主要是虚荣心在作祟和贪图省力，他们想将作业做得好一点，但又不肯下苦功夫。

一个合格的中学生不应该贪图享受、蒙骗老师、欺骗父母，而应该发愤图强，成为一个诚实守信的学生。

踏踏实实做事、老老实实做人，这是做人做事的基本准则。对于中学生来说，踏实做事就是努力学习，形成科学的态度。"知之为知之，不知为不知，是知也"。抄袭作业，既蒙骗了老师和父母，又欺骗了自己，这是一种扭曲的荣辱观。老实为人就是要真实、真诚，说实话，讲诚信。

诚实不会过时

生活中有各种各样的人，有的憨厚，有的奸狡；有的亲切，有的冷傲；有的真诚坦率，有的表里一致；有的笑里藏刀，有的口蜜腹剑……只有以诚相待，才能理解沟通。

有的人认为，人要活着离不开衣食住行这些个人的物质利益，因而人都是自私自利的。他们利用一切可以利用的机会，弄虚作假、假公济私、谋取私利，称老实人为愚、为痴、为呆傻。事实上，这是用扭曲的人来否定高尚的人。老实人，不是不食人间烟火的神仙，他们不过是诚实待人、诚实待物，不贪不义之财、不食嗟来之食，而是在真挚的相处和无私的奉献中实现人生的价值罢了。

在这个意义上，我们赞同孟德斯鸠的格言："品德，应该高尚些；处世，应该坦率些；举止，应该礼貌些。"并且，我们还要进一步在革命人道主义的旗帜上标明我们的为人规范——诚实、平等、尊重、谅解。

著名数学家华罗庚说："在我几十年从事数学研究的生涯中，我最深的体会是，科学的根是'实'。"诚实是做人的根本。有了这个"实"字，就能科学地对待自己和宇宙间的一切事物，就会变得聪明、征服自然、改造自然、获得自由。然而，在当今时代的青年中，有一部分人却不唯实，对考试和学知识也存在侥幸心理。从美国一次民意测验中可看到，有61%的美国中学生曾在考试中至少作过一次弊，大多数学生都受到过偷看邻座考卷的诱惑。美国马里兰州大学心理系开展了一种制止某种作弊形式的活动，当409名学生考完试鱼贯离开教室时，他们发现除了一个出口外，所有的出口都被堵住了。监考人员要求每个学生出示贴有照片的身份证，那些说把身份证留在宿舍或家中的学生，都被拍了面部照片。这一活动查出了一部分帮别人代考的冒名顶替者。这个活动受到大学生们的鼓掌欢迎，也受到社会的好评。

从我国来看，近几年来，有些中学生平时不用功读书，到考试时却想依靠临场作弊来骗取一个好的成绩，欺骗老师、欺骗家长。他们作弊的方式形形色色，看书、看笔记者有之，传纸条、交换答案者有之，更有甚者打电话传递答案。毫无疑问，这类行为应当鄙视、应当抵制!徐特立同志在《对青年人的几点希望》一文中曾严肃地指出:"一个人最怕不老实,青年人最可贵的是老实作风。"敬爱的周总理也曾深刻地指出:"自以为聪明的人往往是没有好下场的。世界上最聪明的人是最老实的人,因为只有老实人才能经得起事实和历史的考验。"大家知道,即使封建时代的科场舞弊,历来也是皇帝亲自过问的大案要案。那时的科举考试,不过是少数士大夫的晋身之阶。而当今我们的学校是培养革命接班人、培养社会主义建设者的场所,考试是检查学生学到多少知识和本领的一种方法,应当比过去的科举考试更严格。所以,我们的监考老师要忠于职守,严格考场纪律;学校根据作弊者情节的轻重,进行严肃的教育和处理。作为学生,一定要明确考试的目的和意义,以十分自觉的态度做好充分准备,诚实答卷。同学们一定要懂得,知识是来不得半点虚假的,社会主义建设的实践是无法作弊的考场,没有真才实学的人,在工作实践中最终要露出马脚。试考不好固然要丢分,但作弊却要丢人,作假还会误人误国。如今你考试作弊,谁能担保你日后工作不会弄虚作假呢?人生处处有考场,同学们,要自重,请做诚实之人。

我国实行改革开放政策以后,广东被划为特区,发展很快。其中产生过重大作用和深远影响的,当推"敢闯、唯实、重效、好学"的特区精神。"唯实",是指"不唯上、不唯书、只唯实"的实事求是精神,是不迷信、不盲从、不怕流言蜚语,解放思想、坚持真理、诚实处事做人的精神。

有人说,现在我们国家走建设有中国特色的社会主义之路,扩大开放,深化改革,搞市场经济建设,太老实、诚实了会吃大亏。从上文的分析来看,诚实是人不可缺少的一种品质,诚实是促进社会发展的一种动力。诚实能赢得信誉,诚实能获得真知,诚实不会过时。

言行一致守信用

守信用是人们交往中必须遵循的起码准则。如果我们言而无信、朝三暮四,谁还会愿意和你交往,谁再相信你的许诺?

我们生活中常有人赴约误期,开会误时,失信于人;有的人接受任务,慷慨激昂,夸下海口,行动时却疲疲沓沓,老完不成任务;也有的人答应为人办事时,满口许诺,包打天下,转身忘得一干二净;更有的人说大话,吹大牛,投人所好,从中牟利,结果不了了之,欺骗别人。上述这些人,在和别人交往中当然不会被人信任,因为他们做人不诚实、办事靠不住。

守信是取信于人的一个不可缺少的基本条件。不知大家是否听到过"季札信守许诺"的故事。它说的是春秋时期,吴王寿梦有个儿子,名叫季札。有一次,他出使列国,途中路过徐国。季札去拜会徐国的国君,徐君对他佩戴在腰间的宝剑越看越喜欢,但出于礼节,又不能夺人之爱。季札从徐君一再注视他佩带的宝剑的眼神里,知道了徐君的欲望,他很想马上从腰间解下宝剑送给徐君,又想自己身负出使列国的重任,不能不佩带宝剑。他暗暗思忖决定出使归来,路过这里时再把宝剑送给徐君也不迟。季札出使完成了任务,在返回途中,特地到徐国,不幸徐君已经死了。季札找到徐君的墓冢,把宝剑挂在徐君墓前的树上,说:"我来赠送宝剑!徐君,我来迟了!"有人问季札:"你何必这样认真,你当时又没有许诺一定要把剑送给徐君,何况徐君已经死了。"季札说:"人岂能无信。我虽然没有口头答应将这把剑赠送给徐君,但我当时已经心许了,做人怎能不守信呢?"

言行一致是守信的基本要求。季札连心里许诺的事也不失信,想到做到,以慰亡友之灵。他的守信美德赢得了当时士大夫的称赞。

古人说:"言之所以为言者,信也。言而不信,何以为言。"说到做到是我们每个少年应具有的品德。

要做个守信的好少年,必须做到:

一、古人曾提倡:"言必信,行必果。"也就是说,说话一定要讲信用,行动一定要有结果。我国历史上把"言必信"作为一种美德、一条处事原则,把不讲信用的人说成"食言"者。言而无信者,人们就会不信任他。我们应该继承传统美德,做一个讲信誉的守信者。

二、自己答应别人的事,要全力办好,即使情况发生变化,也要冲破重重阻力,创造条件,争取办成。若有的事经过努力,仍未办成,怎么办?你要主动地做好解释工作。如果办不成事,又不去解释,人家就会误解你失信。解释时要讲清原委,以免别人以为你找托词、寻借口,结果,还是把你说成个不守信用的人。

三、要做个有信誉的人,讲话要"三思",不能滥许诺。古人说:"三思而后许诺言。"对人讲信用"言必信",对己守信用"言必行",少年儿童要人人争取做个守信的老实人。

得到别人的信任

你想得到别人的信任吗?这就要看你怎么对待他们,并且要比他们所期待的还要大方,出手越快越好。最新的一项脑科学研究发现,人的想法其实就是一场"信任"的游戏。

这项研究是由美国贝勒大学医学院神经科的雷德博士主持的。参加实验的学生共有48对，互不认识，每一对都有一位"投资者"和一位"受托者"。实验以下列方式进行：在20美元以内，"投资者"可以给予"受托者"任何数量的金额，一到"受托者"的手中，该金额即视为成长3倍。然后，"受托者"可以决定还给"投资者"金额的数量。他们不可以聊天、握手、签合约或做其他事情。

雷德博士在实验过程中观察学生大脑的活动情况，结果发现，当对方表现得比自己的期望还要大方时，脑部尾状核区就会出现惊喜的讯号。研究人员指出，这就是对慷慨大方的感应区。实验还发现，当"受托者"退还的金额比"投资者"预测的要多时，"投资者"就会在下一回合给予更多的金额。可见，大方是可以增加信任的。

古人云："人无信不立。"在人际交往中，想要别人建立对自己的信任，我们不妨利用上面的科学发现，从下面几点进行尝试。

大方是建立人际信任之源。从生物进化角度讲，上述结果是有必然性的。因为在资源匮乏或相对匮乏的社会中，人类个体间存在着利益冲突，只有既竞争又合作，才能共享资源，达成"双赢"，这就需要人际信任。信任也就与"利"存在着天然的联系。心理学的研究表明，交往关系中的互惠行为能够促进双方的信任。

第一，大方不局限于金钱、物质。大方体现在待人接物方面就是要不吝啬，除了基本的物质需要以外，人们也期望得到他人的认同、赞美、同情、宽容、尊重和理解等。因此，人际交往中，既不要当一毛不拔的铁公鸡，也不要在满足他人心理需求方面当小气鬼。慷慨赞美他人的言行、宽以待人、不斤斤计较等都是对他人大方的表现。

第二，认准表现大方的时机。在交往之初，相互之间不熟悉，也就很难谈得上信任，对对方的大方行为预期也就比较低。如果你在对方存在某种急需的时候满足了他，就会让他感到很意外，其脑部"慷慨大方"感应区就会高度兴奋，从而有助于建立对你的信任。

第三，尝试着表现大方。"滴水之恩，当涌泉相报"的观念，"投之以桃，报之以李"的做人准则，已经深植于国人的心里。如果你在别人眼中是个小气鬼，你不妨尝试着表现大方些；这能促进你进入大方、互惠的人际互动循环中。

当然，除此之外，去掉虚假、虚伪、欺骗乃至包装的行为，开诚布公、心胸坦荡地与对方的沟通，坚定不移的忠诚，清廉、正直的品格，言必行、行必果的行动，这也都是取得别人信任的不可或缺的条件。

面对多批了的分数

考试结束了,老师把批好分数的考卷发给了同学们。你打开一看,本来回答错了的那道题,老师却在上面打了个"√"号,这还是一道中等的题目,有10分哩。要不要对老师讲呢?如果讲了,就会去掉10分,成绩排名立刻就会从第三名降到第十名以后。要是不讲,心里真有些发虚。尽管是自己粗心,可毕竟答错了。再说,要是讲了,老师会不会认为自己在同学中丢他的面子,怎么办呢?

下课以后或放学以后,你可以到老师的办公室里,很有礼貌地把卷子拿给老师,请他再仔细看看,说明自己答错了,不应该多得10分。这是一件好事,说明你是个诚实的孩子,老师会称赞你。有修养的老师还会向你表达谢意,感谢你帮助他纠正了一个错误。他为什么会认为你丢了他的面子呢?你不要担心,老师是不会那样的。当然,你同老师讲话,不能用指责和傲慢的口气,趾高气扬,好像老师还不如你似的。

如果你实在不好意思,或者怕自己表达不清楚,可以和爸爸妈妈商量一下,请他们去对老师讲。你的爸爸妈妈会乐意的,他们有经验,会处理得更恰当些。不过,我还是劝你自己去,因为这是一次锻炼你办事能力的机会,你要争取。

那么,去掉了10分,你的成绩一下子落后许多,怎么办呢?不必去理会,要面对事实。求真、求实,这是一切有真才实学的人的崇高品格。在知识面前,来不得半点虚假。做人也是这样,一是一,二是二,不为虚名所诱惑。

"美德好比宝石,它在朴素背景的衬托下反而更华丽"。这是英国哲学家培根说的,它充满朴实无华的哲理。

追求真理做真人

"做老实人吃亏"六个字,字字千斤,这是做人的一个大题目,回答这个问题不容易。不过,曾经有这样一个真实的故事时时都在提醒人们如何做人、如何处世。

陶行知先生是我国当代著名的教育家,他早年留学于美国,回国后任南京高等师范学校的教务主任。1927年创办晓庄学校,主张"生活教育"。抗战以后,在中国共产党的领导下,他先后创办了育才学校和社会大学,培养了许多革命人才。

故事发生在1940年,这一年,陶先生在重庆工作。他的儿子陶晓光来到成都一家无线电修理厂找工作。厂方要求他有一份学历证书,否则,难以录用。可是,陶晓光是从小跟着父亲自学的,根本没有学历证书。他急于找到工作,就给育才学校的副校长写了一封信,请求他为自己办一张"毕业证书"。那位副校长碍于陶先生的面子,很快给陶晓光办好了一份"毕业证书"寄给了他。

这件事给陶先生知道了。他立即给儿子拍了一份"十万火急"的电报,要他把"毕业证书"退回去。同时他给儿子写信说:"我们必须坚持'宁为真白丁,不做假秀才'的主张。如果因无学历而被取消工作,你还是回重庆来吧。在'追求真理做真人'这一点上,不可有丝毫妥协。你记住这七个字,终身可受用无穷。望你必须努力朝这个方向修养,方是真学问。"在信中,陶先生还写了一份如实反映儿子学历的证明。陶晓光听从了父亲的指教,退回了那份"毕业证书",把父亲的那份真实的学历证明交给了厂方。

1946年,陶行知先生在白色恐怖包围下的上海病逝。他的墓地坐落在他的故乡南京晓庄劳山之麓,墓门两侧镌刻着中国当代大学问家、书法家郭沫若先生手书的、陶行知先生对其子女的遗教:"千教万教教人求真,千学万学学做真人。"

言必信,行必果

"言必信,行必果"是孔子《论语》里的教诲,曾参作为孔子的学生,把它见诸于行动,是那么认真。

曾参是孔子的学生。他非常孝敬父母,也以身教子。"杀猪取信"讲的是有一天,曾参的妻子到集上去办事。他的小儿子拉着母亲的衣襟又哭又闹,一定要跟着去。母亲实在没办法,就对儿子说:"好孩子,你留在家里,妈妈回来后杀猪给你煮肉吃。"曾参见妻子这样空头许诺哄孩子,觉得不妥想制止,可是话已出口,儿子也信以为真,表示不跟母亲去了,也就没说什么。

到了太阳偏西的时候,妻子办完了事转回家来,一进门,看见曾参已经用绳子捆好了猪,正准备要杀。妻子忙跑过来拉住他说:"我是为了哄孩子说着玩的,并没有真想要杀猪呀!"曾参说:"那可不行!当父母的是不能用谎言哄孩子的。孩子小,懂事还不多,往往会学父母的样子。当父母的说话不算数,骗了孩子,孩子也会学着说假话的。"妻子十分后悔,问道:"那怎么办呢?"曾参说:"就照说的去办,这叫言必信,行必果。"

就这样,曾参为了让孩子从父母身上学到讲究信用和诚实的品德,照着妻子对儿子说的话,把猪杀了煮肉给儿子吃。

讲究信用是中华民族的传统美德。它告诉我们,为人处世不能说大话、空话,自己做不到的事绝不能为了面子随便应允。答应了人家的事,就一定要努力去做,甚至不惜一切代价去做到。万一做不到,一定要当面说明原因,以求得谅解,不能随随便连招呼都不打，这样失去了信用，更是失去了做人的尊严。

敢于承认错误

犯错误的人往往因为怕受责罚而做出一些很极端的行为，那么一旦自己不慎犯错误后，很想承认，但又怕因此而遭到非议和责骂，怎么办呢？

一、要勇于承认错误，同时做好接受批评的思想准备

犯了错误不及时承认，会给自己带来很重的心理负担，也会影响自己的情绪和学习。犯了错误，想不让别人知道是不可能的，与其让别人发现你的错误加重责怪你不诚实，不如主动及时承认，尽早放下思想包袱。承认错误最好选择在老师、家长尚未发现之前，承认错误时态度要诚恳，不可以为了应付过去而含糊其辞、态度不明朗，这样反而得不到别人的谅解。要相信家长、老师及同学的宽容，同时诚恳地接受批评，认识到自己的错误所带来的后果及可能给他人带来的伤害，这样就不会感觉到别人对自己责怪的过分了。

二、要重视分析产生错误的原因，注意吸取教训

仅仅承认错误还不够，还要知道自己错在哪里和为什么会错，不要轻易原谅自己的错误，要吸取教训，提高认识，努力避免下次再犯同样类型的错误。当自己实在不明白为什么会错的时候，可以请教老师或家长，也可以请自己的好朋友帮自己进行分析，并请他们督促和提醒自己不再犯类似的错误。"吃一堑，长一智"，犯了错误后要使自己变得聪明起来。

三、要勇于改正错误，设法从其他事情上加以弥补

要有从哪里摔倒就从哪里爬起来继续前进的勇气，不能因噎废食，"一朝被蛇咬，十年怕井绳"，从此一蹶不振。如果没有挽回错误的机遇，就要从其他方面寻找机会加以弥补，如多做一些对集体和他人有益的事，关心、体贴老师、父母等。

青少午时期犯错误是不可能避免的，任何一个青少年是不可能不犯错误的，而是在犯错误中成长起来的。更进一步说，做错事、犯错误是一个人成长过程中不可避免的，一辈子不做错事、不犯错误的人是没有的，难能可贵的是敢于正视它。

犯错之后求信任

一个人一生中总免不了要犯错误。有的人爱撒谎，有的人曾偷过别人的东西。犯了错误，只要真心改正，还是一个好孩子。

但确实会碰到这样的情况，你犯

过错误后,别人不信任你。比如你撒过谎了,下回你再说话的时候,别人就要想一想,你说的是真的还是假的。如果你偷过东西,下回班级里遗失了东西,有些人就会拿眼睛注视你,想看一看是不是你拿的。有同学拾到一个皮夹子,老师让你去归还原主,同学们就会嚷起来:"他会去还掉吗?"这些都表明别人对你的不信任。

因为别人上过你的当、吃过你的亏,所以,不信任你也是很自然的。那么,怎样才能取得别人的信任呢?

第一,你要有勇气,勇敢地正视错误,不要一听到别人提起你的错就胆怯、心虚,连头都不敢抬起来;更不能因为摔了一次跤而不敢再走路了。最好的办法是你把冷言冷语当做警钟,勇敢地改正错误,堂堂正正地做事情。

第二,你要有信心,相信自己的努力是会有效的;相信有偏见的人只是极少数。

第三,你要有意志和耐心,无论遇到什么挫折,都要百折不回,坚持进取,做出成绩。事实胜于雄辩,只要你做出了成绩,在事实面前,再有偏见的人也会无话可说的。据说,法国曾经有位化学家叫维克多·格林,曾经整天游荡,不务正业,被人瞧不起。在一次舞会上,他邀请一位女伯爵跳舞,女伯爵轻蔑地说:"请你站远点,我讨厌二流子挡住我的视线。"这使维克多·格林感到莫大的耻辱。从此,他与过去的生活一刀两断,发愤钻研,经过5年的努力,发明了"格氏试剂",获得了诺贝尔奖。不久,他收到从巴黎寄来的一封贺信,写信的人正是那位女伯爵。

同样,你犯了错误,改正了,并做出了成绩,别人就不会再怀疑你、不相信你了。

说实话要有分寸

多少年来,学校老师都教育学生要做老实人、要说老实话。可是现实中,有的同学却因说了实话而招人怨恨,见面也不跟他讲话,这是什么原因?是不是时代变了,做人的准则也变了?

其实,做老实人、说老实话是做人最起码的准则,说实话体现"人心向善"的本能,是人际交往的前提,也是心与心相互理解和接纳的支点。交往中的一句真话、一丝真诚的微笑给人以信任,彼此间的诚实相处,你会感到放心、自在,这是人的一种共生的欲求。心理学研究证明,满怀期望地信任对方,其成功的概率将要高得多。在技术进步与人际交往日益广泛的现代社会中,在竞争、自立、个人奋斗的观念不断涌现的时代里,诚实待人的言语行为将越发显得珍贵和重要。

为什么说了实话，反而招人怨恨？

首先，从社会交往艺术角度看，应该研究一点社会交往对象的兴趣、爱好以及人的心理特征，也应注意适当地"投其所好"。比如，你与之交往的对方是脾性耿直的，那么，在社会交往过程中在措辞上以爽直为好，如果吞吐其辞，给对方造成的印象反而不美。而如果对方是温文尔雅的，那么，你与之社会交往时在行动上就不宜过于疏放，言辞也不宜过分爽直，不然会无意中伤了对方的感情，即使出于好心，也可能造成不良印象。总之，在社会交往过程中，既要有好的主观愿望，又要力求好的客观效果，搞一厢情愿，结果往往会适得其反。

其次，要注意尊重他人。心理学研究表明，人们都希望得到他人的重视与尊敬。人都有自尊心，这是人类拥有的最可贵的东西，维护了对方的自尊，你就赢得了友谊。

再次，要注意说话的分寸和技巧。语言是人类交往的媒介，也是心灵的外衣。如果你的语言高雅精当，或温良谦和，会给人带来信任与感激，甚至有"听君一席话，胜读十年书"之感。说实话更要注意人、地、时、情不同，应把握说话分寸，不然就会招人反感和厌恶。

总之，许多事情是可以真诚、坦率的态度对别人直言的，只要你是善意的，表达方式也合适，别人总会接受的。

正确对待朋友的错误

隐瞒他人的错误，是学生在相互交往中常见的现象。有的同学在好朋友犯了错误后，不是及时帮助他改正错误，而是替他隐瞒，认为这样才是够朋友，才对得起同学；有的怕说出来伤了同学间的和气或招来麻烦，因此不敢说；当然也有些同学看到别人犯了错误敢于揭发，但由于方法简单或缺乏帮助别人改正错误的诚意而影响了同学间的团结。遇到这种情况，你一定感到很棘手，向老师反映真实情况又怕"出卖"朋友，不向老师如实说，又会背上不诚实、是非不明的"罪名"。其实要解决这个问题并不难。

你应该从关心、爱护朋友的角度出发，不姑息、不迁就、不包庇你的朋友。要明是非、守原则。一方面直言指出他的问题和错误，诚恳地、热情地去帮助他认识错误，帮助他分析利害关系；另一方面主动地把情况如实地向老师反映，以征得老师的帮助、教育，这样有利于及时帮助你的朋友认识错误并改正错误。尽管这样做有时仍会被朋友误解，认为你不够朋友，会使你的心里十分难受。但这与"出卖"朋友完全是两回事，相反，这是与人为善、忠诚友谊的一种实实在在的行动。只要你真心诚意地帮助他，他最终总会幡然醒悟的，一定会理解你的。

假若你对朋友犯的错误,置若罔闻,帮他作伪证,你同样也犯了错误。这样做表面上看的确够朋友,而实际上你算不上真正的朋友。因为这不是爱朋友,而是害朋友,并且还错过了老师提供帮助这一好机会。再说,人的思想会发生变化的。犯了错误的人一旦提高了认识、承认了错误,而你还在替他隐瞒,那你不是很被动吗?甚至由于掩盖了这一次错误,你的朋友还会犯更大的错误,到时你定会感到很内疚,觉得自己有愧于"朋友"这两个字的。

真正的朋友应当以诚相见,他有成绩,应该为他高兴;他有错误,应当敢于提出批评,向老师如实地反映情况,不替朋友作伪证,这本身就是真诚地对待朋友的表现。当他认识到错误,并改正错误继续前进时,他一定会为有你这样一位真正的朋友而感到骄傲的。

改掉说谎的习惯

说谎是一种用语言虚构、捏造事实来掩盖自己的意图,或用不正确的方式隐瞒部分或全部事实的欺骗行为。说谎是当今中小学生中的普遍现象,甚至有些学生说谎水平之高常常出人意料。有人做过这样一个调查,问题是"你说过谎吗",结果是100%的成年人(包括中学生和小学高年级的学生)都坦率地承认自己说过谎,并能坦然列出自己的几个谎言;而小学中年级的学生则是先会问为什么,在觉得说出后对自己没有危害才承认自己说过谎,并很不情愿地说出说谎的理由;小学低年级的学生却大多数先说自己没说过谎,在老师的追问或诱导下才承认自己说过谎。从主观上来说,主要原因有以下几点:

一、逃避心理

为推卸责任、逃避批评惩罚而说谎。一般来说,小学生已经具有一定的判别是非的能力,他们对自己因难于自控而犯下的过错是有所知觉的。但又害怕受到批评、指责或者惩罚,他们会想方设法来掩盖真相,推卸责任。

二、维护自尊

此事在年龄较小的儿童身上常见。孩子缺乏判断力,认识事物的能力有限,有时不善于将想象与现实分清,由此造成的说假话的现象是很常见的。比如,小吴看见同桌小林的漂亮妈妈来学校接他很自豪,便对其他同学说:"我妈妈比她更漂亮!"其实小吴的妈妈并不是很漂亮,他只是不想让小林太得意。

三、虚荣心理

年龄稍大点的学生期望得到他人尊重,取悦他人,自己的能力又达不到目标,于是就借撒谎来炫耀,以满足虚荣心。如说谎提高成绩,或吹嘘自己,让人刮目相看。

四、懒惰心理

一些学生学习懒散,喜欢用简单、不费力的方式去达到目的,说谎就是最轻松、最方便的手段,如骗老师说自己早已完成作业。

学生说谎,是一种不敢正视某种事实的表现。在种种利害关系的面前,他们采取逃避不利、趋向有利的选择,实际上是错误的。长期不诚实而且撒谎的性质涉及了道德、品行方面的问题,就是一种品行障碍。所以作为学生应注意自行纠正。

一、坦白说谎动机,正视反省自己

说谎都有其一定的心理原因,反省自己的动机,并向老师或他人坦白,就一定会得到尊重、关爱、宽容、真诚接纳,从而感受到安全、温馨、被信任,也不会挨批受罚。唯有这样正视自己、反思自省,才能改正说谎。

二、引导自我教育,自化心理压力

这是改正说谎行为的有效方法之一。学生容易在有压力的环境下说谎,那么同样可以通过自我心理调节,设想减少外界环境对自己的压力,这实质是减少了自己说谎的机会。寻找撒谎的危害的资料以自学、思考。通过自我教育,懂得讲假话将贻害无穷,懂得真诚是一种心灵的开放,生活是欺骗不了的,重要的是讲真话。巴金曾说过:"说真话不应当是艰难的事情……自己想什么就说什么;自己怎么想就怎么说——这就是真话。"只要懂得诚实、遵守纪律,又有一定程度的自由,就能够改正说谎行为。

三、自我暗示鼓励,形成改正内驱力

所谓暗示就是不加批判地接受一种意见或信念,从而导致自己的判断、态度及行为方式改变的心理过程。积极的自我暗示能产生巨大的内驱力,使人自信、自强不息。一般的做法是:把自己的优点、长处写在纸上,激励自己去完成目标或改正行为。如"撒谎害人害己,要彻底改"、"我一定能改掉撒谎的坏习惯"等,不断鼓励自己坚持良好行为。只要坚持自我暗示,就能逐步改掉坏习惯。

四、消灭在"第一次",及时根治说谎

说谎往往是日积月累而成的,而且这种不良行为一旦形成,纠正起来就比较困难。第一次说谎,内心矛盾重重,想承认错误,又怕失去信任。因此,抓住第一次说谎时机,进行彻底自我反省,就显得尤为重要。因为初犯,通过自我反省、自我责备,自我保证不再说谎,重新做一个真诚的人,这样就容易收到成效。

五、实施行为疗法，自我观察管理

对说谎时间长、难于自控的学生，还要开展行为疗法。即与他人协商，以签订合约的方式，直接帮助自己自我观察、自我管理，消除、纠正不良行为，建立良好行为。出现良好行为时，帮助的人及时给予奖励和肯定评价，使之保持、巩固、发展；未能完成目标，则按约定给予自我惩罚，以示警醒。可设"每天目标行为自评表"，自己如实填写，教师、家长或小伙伴负责督促。持之以恒，定能改变。

撒谎后要弥补

有一篇课文叫《撒谎的孩子》，说一个孩子在山坡上放羊，为了寻开心，就喊："狼来啦！狼来啦！"农民们听见了，信以为真，都跑来救他。可是狼没有来，农民上了他的当。他哈哈大笑，以为自己胜利了。第二天，他又撒谎高喊："狼来啦！狼来啦！"农民们又跑来救他，又上了他的当。有一天，狼真的来了，他拼命地喊着："狼来啦！狼来啦！"农民听见了也不来救他，说他又在撒谎，不上他的当了。结果，他被狼吃掉了。这个故事告诉我们，撒谎欺骗别人，也害了自己。

那么，你撒了谎，别人上了当，相信了你的谎言，怎么办呢？你不能像那个孩子那样继续恶作剧，以为自己胜利了，得了逞就胆子越来越大，继续骗人。要知道，人家一旦知道了真相，知道你在欺骗他，他就再也不会相信你了。

一个人在别人的心目中失去了信任是很不幸的，就好像失去了你本人。你应该老老实实地向人家承认错误，说明真实的情况。你改正了，别人不会责怪你，以后还会照常相信你的。

有这样一则故事：有一天，华盛顿的父亲送给他一把小斧子。他出于好奇，想试一试小斧子有多么锋利，就来到了种植园，看见路边有一棵小树，举起小斧子一下子砍断了那棵小树，他很满足这把小斧子的锋利。可是，那棵小树正是他父亲最喜爱的樱桃树，父亲发现樱桃树被砍断了，很生气，查问是谁干的。华盛顿心里很不安，害怕承认了会遭到父亲的责罚。但他想起自己抄过"为人不可以不正直"的格言，就向父亲诚恳地认了错。父亲看他这样诚实，不仅没有责罚他，还夸他说："你能够做个正直的人，我就是损失 100 株樱桃树也是值得的。"

华盛顿长大以后成了一个真正诚实正直的人。他英勇地领导美国人民赶走了英、法殖民主义者，取得了独立战争的胜利，创建了美利坚合众国，成为它的奠基人。美国人民为了纪念他的丰功伟绩，在 1800 年将新建的首都取名为"华盛顿"，并在那里建造了一座华盛顿纪念塔。

树立自己的威信

学生干部要在工作中得心应手，要让其他同学都能听自己的，或者说，让其他的同学"服"，这不是一件简单的事。要树立起自己的威信，必须做好以下几点：

一、对自身要求严格

优良的个人品德，是学生干部在群众中树立威信的基础。作为学生干部，要树立崇高的理想和抱负，使自己成为一名具有高尚境界的人。要注重自己思想品德修养的提高，不断完善自己。不但要培养自己勤奋、正直、坦诚、谦虚、宽容等优秀的个人品德，而且要具有为同学服务的意识和无私的奉献精神，这是非常重要的。要不断总结，经常反省，并弥补自己的不足。

要做遵纪守法的模范。干部是学生的表率，他的一举一动在学生中都会产生明显的影响，只有严格要求自己，以身作则，在遵纪守法上有很强的自觉性和示范性，才能赢得广大学生的尊重和信赖，成为他们心目中的楷模。在纪律上要求别人做到的，作为学生干部，就一定要先做到；不允许别人做的，自己首先不做。古人云："其身正，不令而行；其身不正，虽令不从。"对自己要求不严格，是无法管好学生的，更不用说在学生的心目中树立自己的威信了。比如，要求其他学生在校内不要骑自行车，你却在校内骑；要求学生在校内要佩戴好胸卡，你却不戴；要求学生在班内不要乱扔废纸，你却先扔。这样怎么去要求其他学生做到呢？

在学习上，要努力使自己的成绩是优秀的，是出类拔萃的。学生在学校的主要任务还是学习，若学习不好，工作再卖力，也是难以让大家信服的。学生干部如能把学习搞好，这样他说起话来才有威力。作为学生干部，一般比其他同学要花费更多的时间，因为他既要工作，又要学习。因此学生干部的时间比一般学生的时间更珍贵、更紧迫，这就需要处理好学习和工作的关系，要特别珍惜时间，并科学地安排好时间，努力把学习搞好。

二、工作积极主动

学生干部虽说也是个"官"，但其实它是世界上最小的官，是为学生服务的官。每一位学生干部，从他当选之日起，就应该明白，无条件地为集体、为同学作奉献是自己的责任和义务。要牢固树立"为同学服务"的思想；不要把自己的干部当做"官"来做；不要老是想命令别人，管别人，叫别人怎样；要能够身先士卒，以自身的努力来带动别人，以自身的勤奋来说服别人。

作为学生干部，要清楚这一点，自己的威信不是靠班主任、靠老师来帮助自己树立起来的，而是靠自己的努力,靠自己对工作的满腔热情去树立起来的。比如,布置大家劳动,自己干的活应该是最苦、最累的。要主动针对班级、学校的实际情况,想大家所想,积极组织学生开展各项活动,陶冶学生情操,活跃学生身心。要能够替老师操心,想老师所想,为老师分忧,有时不要等教师再来布置,已经把事情做好了。比如,班级有什么新的动态,可以主动通过召开班会来讨论,来解决;针对班级的学习气氛不浓,及时开展一些学习竞赛活动、学习交流活动等。

三、讲究工作方法

工作方法是学生干部树立威信的一个很重要的一点。有的学生干部在当干部前也是有号召力的,可是做了学生干部后,就是因为工作方法的粗暴、简单,而失去了同学的信任。不能总是想我是一片好心,在为大家服务,你们怎么不理解,你们怎么不支持,继而埋怨同学,甚至产生消极的情绪。有时在工作中产生一点误会也是正常的,要相信误会总是可以消除的。作为学生干部,要不断学习,充实自己;要多向老师请教,向书本请教,掌握更多的工作方法。

要能团结大多数学生。学生干部要面对一个个人开展工作,要能带动大部分同学不断进步,就需要同学们的理解、信任,这样才能在行动上协调一致;而要做到这一点,就应真诚相待,以情动人,以行动感人。在生活上热心帮助,在学习上共同探讨,在活动中共同分担,在思想上相互启迪,用自己的真诚情感和实干精神作为联系学生的纽带。如果不团结大家、不依靠大家,平常的工作就难以开展。

应扎根于广大学生之中,努力发扬谦虚、谨慎的美德,时刻注意发现别人身上的闪光点,从同学的身上不断汲取多种养分以充实自己,脚踏实地地做好每一件事。要从点点滴滴的小事做起,只有时时处处想到为同学做好事,才能养成良好的习惯与高尚的道德品质,将来也才能为人民作出较大的贡献。

平时的工作要有计划、有步骤,要努力用计划来指导自己的行动,组织活动前要精心准备,不能草率,要尽量考虑周到。平时能做好自己工作的记载,及时向老师汇报反映,争取得到老师的支持和帮助。遇到问题时要冷静处理,比如,同学之间有了纠纷,作为一名学生干部,就应该站出来,但怎么处理呢?要冷静,不慌乱;先调查清楚,不要急于求成;要力争通过说服教育,让事态平息下来。平时要多和同学谈心,并通过谈心来帮助同学。

总之,学生干部在平时的工作中,要不断提高自身品德修养,勤奋学习、努力工作,并不断反思总结。只有这样,才能在全体学生中树立起自己的威信,使自己的工作能更加顺利地开展。

讲求文明礼貌

尊师敬长

尊师敬长是中华民族的传统美德，也是当代学生应具备的道德品质。

尊师，在我国古代体现为师道尊严。荀子提出"隆师"的思想，他把天地君亲师并提，认为隆君师与事天地、尊先祖同是礼的根本，把教师的地位提到了很高的程度。对师道尊严思想阐说得比较详细的，是明代大思想家王阳明。他说："古之教者，莫难严师。师严道尊，教乃可施。"尊敬教师在近现代更加得以发扬。为确立人民教师在社会中的地位，国家从1985年起，将每年的9月10日定为教师节。1994年1月1日起正式实施的《教师法》更以法律手段保障教师合法权利，提高教师的待遇和社会地位。继承和发扬中华民族尊师重教的传统美德，是人类生存发展和社会文明进步的需要。青少年学生应自觉做到：树立尊敬教师观念，懂得"国之将兴，必尊师而重傅"的道理；尊重老师的劳动，接受老师的教导，服从教职员工的管理；听从老师教导，刻苦学习，以优异的学习成绩和工作成果回报老师的辛勤劳作。

敬长，表现为尊重、敬爱、赡养父母或长辈。对于父母，子女应当感激其养育之恩，履行子女对父母双亲的责任和义务，这是做人最基本的道德品质。中华民族历来重视"孝道"，认为孝是"德之本"。人生在世，首先形成的人际关系就是父母亲子的关系。一个人如果对生身父母都不能尽孝，又怎么可能处理好与兄弟、亲友、师长、同事、集体和国家的关系呢？那么青少年学生应该如何做到孝敬父母呢？这首先表现为努力承担家庭义务，从经济上、生活上、精神上善待父母，努力减轻和分担父母在家庭经济上、感情上、思想上、家务劳动上的种种负担和忧虑。那种将父母从牙缝里省出来的钱，用于一些不必要的甚至是奢侈的开支行为，是一种挥霍父母血汗的不道德行为。其次，孝敬父母还表现为善于理解父母、缩小代沟。随着时代的发展，观念更新速度的加快,年轻一代和上一代难免在世界观、人生观、价值观乃至文化知识、生活习惯、兴趣爱好等方面存在一定的差异,这种代际差异也不可避免地在家庭生活中反映出来。作为小辈,应多和父母沟通思想,多和父母交流感情,这也是孝敬父母的一种表现。

敬长,还包括对生活中其他年长之辈的敬重、尊崇、虚心请教。大凡长辈,皆有丰富的人生阅历,渊博的学识、经验,这些对于小字辈尽快成长都是弥足珍贵的。

学会孝敬父母

孝敬父母是中华民族的优良传统,是世界人民共同崇尚的美德,也是日常礼仪中最重要的礼仪之一。

现在的中学生大多是独生子女,较优裕的生活条件和环境,使不少孩子养成以自我为中心的习惯。他们为自己想的较多,为别人想的较少,甚至认为父母为他们所做的一切都是应该的,他们不懂得怎样孝敬父母。其实,孝敬父母长辈是中国人民的优良传统,也是我们每个人应该遵守的道德规范。

为什么要孝敬父母呢?仅从父母对于子女的养育之恩来说,从十月怀胎到小生命的降生,从初生的婴儿到翩翩少年,从衣食住行到上学读书以至交往朋友,当父母的不知要操多少心!每个称职的父母虽然在给予子女的生活知识和思想养料方面并不是等量的,但他们却在竭尽全力地给予。可以说,父母对子女的爱是人与人之间最深情的爱,是最富于牺牲精神的爱。面对养育我们成长的父母,我们每个稍有良知的人都应孝敬他们。那么,我们该怎样孝敬父母呢?

一、孝敬父母长辈,要听从他们的教导

要像《中学生日常行为规范》所说的那样"尊重父母的意见和教导,经常把生活、学习、思想情况告诉父母"。向他们诉说心中的喜怒哀乐,向他们请教解决问题的方法。因为父母的教诲大都是积几十年生活经历的经验之谈,听从父母的教诲可以少走弯路,有利于自己健康成长。

二、孝敬父母,要对他们有礼貌

我们有不少同学认为,一家人天天在一起不必客气,不必有礼貌,这种想法是不对的。中华民族历来注重礼仪教育,中国素有"礼仪之邦"的美称。我们应把我们民族的好传统继承下来,在家中形成一定的礼貌常规。早晨起床后向父母问安,有事离家要向父母告知。在日常生活中,要养成谦恭有礼的习惯。如吃饭时先让父母坐,替父母端饭拿筷;吃东西要顾及长辈;要认真听父母讲话,不随

便插嘴，更不能随便顶撞；对父母讲话，语气要温和，还有要注意使用礼貌用语。

三、孝敬父母，要在具体行为上关心体贴他们

我们中学生虽然还没有能力赡养父母，但总可以在言行方面多加关心体贴。在完成学习任务的基础上，料理好个人生活，不让父母操心，主动承担一些力所能及的家务劳动和为父母服务的工作，以减轻父母的负担。要常关心父母的身体健康，嘘寒问暖，特别在父母生病时更需细心照料。在节假日、父母的生日、结婚纪念日，子女悄悄送上一张卡片（自制的更有意义）以表达浓浓的儿女情，这样既可加深与父母的感情，更是对父母精神极大的安慰。总之，我们应用具体的行为去孝敬父母，回报他们给我们的爱。

服侍生病的长辈

俗话说："滴水之恩，当涌泉相报。"如果生病的是你的父母，那么，请你想一想，你是怎么长到这么大的？想当初，你呱呱坠地来到人间，是谁一把屎一泡尿把你拉扯大？是谁一口奶一口饭喂大了你？你病了，又是谁彻夜难眠护理着你？回想起你的成长史，我相信，你必然会对你父母感激不尽。那么，此时不正是你报答他们的极好机会吗？如果生病的是你的祖父母、外祖父母，也请你想一想，他们是如何含辛茹苦养大了你的父母，又是如何呵护着你，为你的每一点进步而高兴不已？没有他们的辛劳哪有你的父母，又哪有你呢？此时不正是你向他们表达自己和父母感激之情的好机会吗？

天晴总有天阴时。人生在世，谁没有生灾害病的时候呢？当初你有点小病小灾时，长辈搂着你、哄着你，给了你多么大的安慰！现在他们病了，忍受着疾病的折磨，多么需要亲人的关心与照顾啊！他们的身体正遭受着痛苦，你可不能让他们的心灵受到伤害，设身处地地为他们想一想吧！请以你的骨肉亲情去温暖他们的身心吧！这是为人子女最起码的义务，也是我们中华民族的传统美德。

"子女有赡养扶助父母的义务"，这是我国法律所明确规定的。作为中学生，虽然还不具有赡养父母的能力，但扶助父母，比如，对父母精神上安慰、感情上体贴、生活上照顾，尤其是在父母患病时，悉心服侍，使他们早日康复，是我们应该履行的责任。

明白了以上道理，相信你一定会对病中的长辈，倍加体贴，也绝不会再嫌烦、嫌脏了。但话又说回来了，平时父母亲、祖父母等长辈对你很关心，对你的学习和生活都照顾得十分

讲求文明礼貌

周到。现在，他们生病了，你想服侍，但又怕影响学习，怎么办呢？我们可以参考以下几点：

一、合理安排，统筹兼顾

作为中学生的你，既想服侍生病的长辈，又不想影响学习，确实有些为难。但如果你学会了合理的安排，便可做到统筹兼顾了。例如，在课堂上你应加倍注意听讲，这样写作业时就不至于因为不理解题目而影响了速度，也可节省些复习的时间；课间和在校能够利用的一切时间都用来抓紧完成作业，这样放学后就有较多的时间服侍长辈了。再如，需要背的单词和课文，较简单的"抄写"之类的作业，可以利用服侍长辈的间隙或在炉子边熬药时，在病床旁陪护时来完成。

二、根据需要，有所侧重

常言道："锥子没有两头利。"如果长辈处于病危阶段，非你服侍不可时，那就只有"忍痛"停几天课了。这时你可以把重要的课本带在身边，在他入睡时，看上几页，以免落下的课太多，但不能过于全神贯注，因为你还得随时注意观察长辈的病情；待长辈病情一稳定，你得赶紧抽空去听课，抓紧时间把落下的课补回来；如果不巧正赶上考试，又无法补考，那只有设法请人帮忙照看一下长辈了。

三、发动群众，寻求帮助

请别忘了个人的力量毕竟是有限的，"众人拾柴火焰高"。除极特殊的家庭外，我们一般都会有些其他的亲朋好友，你在个人难以应付的时候，可以适当地向他们寻求些帮助。同时，你还有关心你的亲爱的老师和几十位朝夕相处的好同窗，他们是你信赖的朋友和坚强的后盾，可以帮助你渡过难关。

重视父母生日

每当唱起生日歌时，同学们一定会记得自己过生日的那种热闹场面，一定会想起父母为自己买的生日礼物，心头会涌起阵阵暖意……但是，同学们是否也记得父母的生日呢？如果父母过生日，又该怎样表示祝贺呢？

对于父母来说，如果孩子能记得他们的生日，那是很欣慰的。如果生日那天，孩子向他们表示祝贺，他们就会更加高兴。表示祝贺的方式有很多，同学们会选择哪一种呢？

一、送上他们喜欢的礼物

同学们平时要和父母多交流，了解他们的爱好。如他们所喜爱的一本书、服装等。如果在他们生日那天，给他们送上一份平日喜爱的东西，一定会给他们一个意外的惊喜。

二、帮助料理家务

父母出于爱护，或让子女多花一些时间在学习上，平时很少让子女做家务。在父母生日那天，同学们可以主动料理家务，譬如，整理居室、洗碗、洗衣服等，让父母轻轻松松地休息一下。这不仅会让我们的父母感到欣慰，对于子女来说也会感到莫大的快乐。

三、送上一份良好的学习成绩单

其实父母心里最希望得到的，莫过于子女在学习上能取得优异成绩，为此他们不抱怨家务的烦琐，不抱怨工作的压力，而是一心一意地盼望着子女能在学习上有长远的进步。因此，同学们若是能够在父母生日时向他们报告自己在学习上的进步，以及取得的好成绩，那将是他们过生日时最好的礼物了。

四、举行外出庆祝活动

外出活动可以放松心情，消除工作的疲惫和压力。如果父母喜欢旅游，生日时又恰逢节假日，同学们不妨主动提出陪同父母外出旅游，或是邀请亲朋好友到郊外进行野餐活动，以表示对父母生日的祝贺。如果父母喜欢看电影、看戏这样的娱乐方式，子女也可以主动买票陪同父母一起去看电影或看戏，共度甜美幸福的快乐时光。

五、举行生日聚会

如果经济条件许可，可以搞生日聚会，邀请亲朋好友一起为父母祝贺，使场面热闹、气氛热烈。通过这样的方式聚齐平时见面少的亲戚朋友，让他们来一起分享父母亲生日的快乐，这不仅会让父母更加开心，也极大地增进亲朋好友之间的感情。但要注意不能铺张浪费。

六、书信祝贺

在生日前一天写好一封贺信，以表达自己对父母生日的祝愿，在生日那天恭敬地交给父母。有能力的最好凸显出自己独特的写作方式和文采，让父母从书信中重新认识自己，可以采用书法形式、绘画形式等。

七、利用报刊、电视、广播等媒体祝贺

同学们可以通过电视台、广播电台及地方报纸，在父母生日那天，为他们点一首他们所喜爱的歌曲或献上几句生日祝词。当一家人开心地看着电视或者听着广播，或者一起围坐着看报纸上的生日祝福时，那是多么温馨而甜蜜的时刻。

祝贺生日的方式多种多样，采取哪种方式最佳，这需要靠自己平时与父母多交流沟通，了解他们的兴趣、爱好；同时要注意，采取的庆贺方式应使他们感到生活的实在、温馨和乐

趣，避免产生岁月匆匆的伤感情绪。

正确与外国人交谈

学生朋友如何与外国人交谈？让我们先从一则小故事说起。在我国北方的一座城市，有几名男女大学生星期天游公园，遇见一美国小姐，就主动与美国小姐打招呼。双方交谈起来后，其中一位大学生不停地问那位美国小姐"你干什么工作"、"一年能收入多少钱"、"你今年有30岁吗"，直问得美国小姐满脸恼怒，拂袖而去，这弄得几位大学生莫名其妙。

那么学生在与外国人交谈中究竟该注意哪些事项呢？

一、态度要热情友好，要做到不卑不亢，落落大方

外国人主动和我们交谈，不要故意回避、羞于见人，也不要一哄而上、七嘴八舌、好奇围观；交谈时既不能自惭形秽，在外国人面前丢掉民族气节，也不要目中无人、妄自尊大，要体现中华民族礼仪之邦的良好传统，面带微笑，彬彬有礼。

二、服饰要整洁、美观，仪表要庄重，要体现中国学生朝气蓬勃的精神状态

在和外国人交谈时不要做与谈话无关的事，比如，抠鼻子、掏耳朵、指手画脚；也不要一边交谈一边摇晃身体；站立交谈时，两脚要直立，不要交叉；坐姿交谈时，腰背要平直，不要跷二郎腿。

三、语言要规范

不要用外国人难以理解的方言、土语，尽量用普通话进行交谈；要礼貌用语，用词要达意，不要用一些似是而非、模棱两可的语言；言谈要把握分寸，褒扬不过头，自谦要真实。通过优美而有具体内容的语言，体现中学生富有涵养、谦逊有礼的气质。另外，还要努力学好英语，发挥这种语言工具的作用。

四、谈话的内容要维护我国的对外形象

对有关政治倾向性的问题，有关我国的经济、军事、科技、信息等，交谈时要谨慎，不宜深谈。外国人不愿交谈的事，不要穷问不舍，属个人隐私范畴的内容，交谈中一般均应回避。对自己不知道的事情，在外国人提问时不要随便作答复。交谈时要有答有问、有来有往，让人感到气氛和谐自然，但绝不能向外国人索要礼物，乱攀亲戚。发现外国人在交谈中有不端或不法行为，应及时向外事部门反映，而不要自作主张处理。

五、尊重隐私

外国人普遍认为，要尊重交往对

象的个性独立，维护其个人尊严就要尊重其个人隐私。即使是家人、亲戚、朋友之间，也必须相互尊重个人隐私。所以与外国友人相处时，应当自觉回避对对方个人隐私的任何形式的涉及，不要主动打听外国朋友的年龄、收入、婚恋、家庭、健康、经历、住址、籍贯，以及宗教信仰、政治见解等。

六、了解国外人们的种种忌讳，避免不礼貌情况的发生，这也是十分重要的礼仪内容

礼仪内容包括：数字的忌讳、食品的忌讳、颜色的忌讳、花卉的忌讳，还有其他不同国家的各种忌讳。

当然，有的时候，在同外国朋友进行接触之中，难免会碰上一些笔者尚未经历的场面，或是难以处理之事。此时此刻最好的方法，就是静观一下他人的做法，努力从众，与大家保持一致。

时刻尊重他人

孟子有云："爱人者，人恒爱之；敬人者，人恒敬之。"这句话强调了尊重他人的重要性。一个人在与别人交往中，如果能很好地理解别人、尊重别人，那么他一定会得到别人百倍的理解和尊重。

懂得尊重，是做人最起码的一种道德要求。做到了尊重别人，则是一种境界、一种美德。这是人生必不可少的基本素质，是对他人人格与价值的充分肯定；同时，亦是赢得他人对自己尊重的基础，自尊方能得以维护。所谓尊人尊己，这是一种辩证的关系。要想得到别人的尊重，首先要懂得、学会尊重别人。

人与人之间的互相尊重，可以让人开心、使人奋进、助人成功。尊重是一种理解与宽容。与人相交，求同存异，学会移形易位、换位思考，千人千面，我们不能够要求所有的人都按照同样的方式活着。与人交往，你可以有所选择，却不要想着去改变一个人。豁达大度，是人际交往中的积极因素。

人有地位高低之分，但无人格贵贱之别，只有灵魂高度上的差别，只有道德品质高下之别。任何人不可能尽善尽美、完美无缺，我们没有理由以高山仰止的目光去审视别人，也没有资格用不屑一顾的神情去嘲笑他人。假如别人在某些方面不如自己，我们不要用傲慢和不敬的话去伤害别人的自尊；假如自己在某些方面不如别人，我们也不必以自卑或嫉妒去代替应有的尊重。一个真心懂得尊重别人的人，一定能赢得别人的尊重。

尊重是一门学问。尊重别人，就是尊重自己，就是将自信、善良和宽厚播种在他人的心田里。我们要做一个言谈举止文雅而端庄的人，养成尊重他人的好品德、好习惯，就要敬爱父母、尊敬师长、团结同学、扶助弱小、乐于助人、关心他人。

一、要尊重别人的人格

每个人都有自己的人格尊严，它是公民的名誉和公民作为一个人应当受到他人最起码的尊重的权利。在人格上，人人都应该是平等的，不存在尊卑、贵贱之分。尊重别人的人格，首先要做到不取笑生理有缺陷的人，不做伤害他人的事，不给同学起绰号。

二、尊重他人还要关心他人

在日常生活和人际交往中，我们要主动关心老、弱、病、残及妇女和儿童，特别是那些老无所依的鳏寡老人和举目无亲的孤儿，要尽量在物质上和精神上帮助他们。另外，我们要尽量把方便留给他人，而且不要做损人利己或者损又不利己的事。

三、要尊重他人的劳动

尊重他人的劳动，相当于尊重自己的劳动。设身处地地替他人着想，将心比心，多给予他人热情的鼓励和帮助，这样不仅有利于把工作进一步地做好、做完善，也能促使他取得更大的进步和成绩，同时也激发了他人的劳动热情和欲望，还能提高劳动者的工作效率。如上课专心听讲，努力学习就是尊重老师的劳动；在公共场所不随地扔纸屑、不随地吐痰就是尊重环卫工人的劳动……珍惜别人的劳动成果也是尊重他人的一项重要内容。

四、要讲文明、懂礼貌

文明礼貌是中华民族的优良传统。在人们的交往中，注重礼貌，体现着一个人的道德修养，也是尊重别人的表现。对待他人要热情、友善、文明、礼貌、体谅、诚实，无论他人的年龄、性别、职业、地位、相貌如何，都要礼貌待人，语言文明，使用礼貌用语要自然。

青少年应该在日常生活中从身边的点滴小事做起，学会尊重他人、关心他人，弘扬社会主义的人道精神，做一个尊重他人、对他人有爱心、对长辈有孝心的好学生。

懂得尊重老师

诗人把老师唤做"课堂里的树"，说老师的语言是"富有光泽的树叶"。歌唱家以"老师的窗前彻夜明亮"来赞颂老师的鞠躬尽瘁、无私奉献。老师是耕耘春天、播种希望的人，他撒播下希望的种子，辛勤耕耘，我们就是他培养的一颗颗种子，他将我们育成参天大树。赞美老师，是对老师的一种肯定、一种尊重。那么，我们该如何尊重老师呢？

第一，要在认识上、感情上去理

解老师、体贴老师，而不能简单地认为老师是为了某种功利来从事教书育人的工作，记住"那块黑板擦去的是功利，写上的是真理"，老师在夜深人静的时候，还在备课、批改作业；学生全部酣然入梦的时候，仍在查寝。这种辛勤的劳动，是为了谁呢？如果真是想的这样，他们又何必如此辛苦地工作呢？大可不管我们的学习、纪律、卫生，这些超出工作时间的劳动又没有经济报酬。因为这些，所以我们更要理解老师的价值取向。

第二，要尊重老师的劳动。课堂上要认真听讲、积极思考，这也是尊重。学习中以进取的心态、严谨的风格，参与活动，完成学习任务也是对老师的尊重，有创新意识，对老师的教学提出建议，同样也是尊重老师的一方面。

第三，要接受老师的教育，在成长过程，有错误是在所难免的，可关键是能否知错就改，如果能，那既表现出我们的宽广胸怀，也表现出对老师的尊重。遗憾的是，有些同学知错但不改错，恶意顶撞老师。所有的一切，无不透露着你的不可理喻、缺乏改错的胸襟和你的无知、愚蠢。因此，我希望每一个同学都能知错就改，接受老师的教育，这同样也是对老师的尊重。

第四，要养成使用礼貌用语、主动向老师问好的习惯。如果你主动说了一句"老师好"，这样不仅反映出你的高尚品格，还增进了师生感情，体现出你文明礼貌的素养。

不喊别人的绰号

我们有些同学与人相处，不爱喊人名字，专爱根据别人长相与性格，喊别人绰号。那些难听的，甚至带有恶意的绰号，常使被喊的人十分尴尬，翻脸又不好，心里不是滋味。我们讲百人百性，千人千面。性格是十几年或几十年形成的，长相是父母给的。有很多人已为自己的长相和性格而苦恼不堪，可有人就是爱挑别人的毛病给人起绰号。殊不知这样做既伤害了对方，又显示了自己的低级趣味。何必做这种损人又不利己的事情呢？那么，如何改掉这个毛病呢？

一、要尊重同学，要富于同情心

同学之间，是兄弟姐妹，我们彼此应该之间互相尊重、互相爱护。有的同学的长相有缺陷，已经很痛苦了，我们就应该避免讲刺伤他的话；要设身处地地为他人着想，把别人的痛苦看成是自己的痛苦；要用语言去宽慰别人。如果这一切都成为你与同学相处的准则，你就再也不会喊别人的绰号了。

二、站在对方的立场想一想

不要看到别人胖一点，就喊别人

"猪"，看到别人瘦一点就喊别人"猴"。假如你长得胖一点，别人喊你"猪"，你做何感想？你也会有缺陷，长相上没有，性格上也会有，人无完人。"己所不欲，勿施于人"。不要把自己的快乐建立在别人的痛苦之上，因为别人同样可以把快乐建立在你的痛苦之上。

三、要培养自己的高雅情趣，摒弃一些庸俗的东西

人的情趣是与道德、理想、艺术等密切联系的。情趣有高雅、低俗之分。庸俗的情趣是平庸鄙俗、不高尚的情趣，它会使人经受不住不良诱惑，贪图安逸享乐、不思进取、精神颓废，不利于身心健康，并且有可能走向犯罪；高雅情趣则能使人追求健康文明的生活方式，能使人修身养性，经常保持一种良好的心境，有益于身心健康。作为一个有高雅情趣的人，是绝不会庸俗地喊别人绰号的。

总之，尽管绰号并非都具有侮辱性，但故意给人取不雅的绰号，不分场合随意喊别人的绰号，其实质是取笑别人，是一种不尊重人的表现，这侵犯了别人的人格尊严。起绰号不仅反映了一个人的生活情趣，也反映了一个人的文化修养、心理素质和伦理道德等问题。因此，我们必须坚决改掉这个坏习惯。

避免对人发火

生活中有这样一种人，当自己遇到不顺心的事时，常常对素不相干的人无端发火。有的人在家里吵了架，到外边也整天没好气，闹得周围的人都不敢跟他接近。

动不动就对别人莫名地发火，这是一种很坏的习惯。它无缘无故伤害别人的感情，也使自己给人留下极其不好的印象。有人认为，心中有气发泄出来，可以痛快痛快。这其实只见其一，不见其二。这种做法虽然可以使你感到一时痛快，但它并不是消气、解愁的好办法。因为你这个火发得不是地方，往往会造成旧气未消又添新愁的恶性循环。

常常对别人莫名地发火，也是不尊重人的表现。亲人之间、同学之间、朋友之间是完全平等的关系。因为自己心情不愉快，就对素不相干的同学、朋友发火，这是个极不礼貌的行为。你可能一时痛快了，可这种痛快是建立在别人痛苦之上的。换个角度，有人对你无端发火，你会怎么想呢？所以，一个时时想着别人、处处体谅别人的人，即使自己心中不快，也不会迁怒于人，更不会把自己的不愉快甚至痛苦强加给别人。想要克服常常对别人莫名发火的坏习惯，怎么办呢？要做到以下几点：

一、提醒自己注意养成时时处处充分尊重他人的良好品质

无端发火，迁怒于人，是极不尊重他人的行为，是以别人作为自己平息怒气的宣泄物，与"尊重他人"的品质是不相容的。可见，平时注意自我修养，学会对他人有礼貌、讲尊重，并形成自己性格的一部分，便不易发生向他人发"无名火"的现象。我们同学可以在日常生活中多学习一些怎样正确对待他人的态度和方式并积极实践，建立起良好的自我形象，珍惜它、维护它，绝不破坏它。

二、不顺心时，注意自我分析以免冲动易上火

有错受到批评，就应理解这是老师对他的负责和严格要求，今后努力改正也就是了，想通了就不会有火气。还有如受到无端指责或伤害时，要学会寻求帮助，如向他人倾诉，重返心理平衡。对有些不顺心之事，则可豁达、开朗一些，学会自我宽慰，告诉自己"谁也不可能事事称心如意"、"你不必太在意"，消除了发怒的根源，也就不会滥发"无名火"了。

三、学会合理宣泄，不使造成严重后果

有时心中怒气甚大，无法平息，这时便要注意尽可能通过正常的途径、合理的方式加以宣泄，及早使自己从愤怒的情绪中走出来，以免在愤怒之下不分对象、场合地发泄，事后追悔不已。

四、一旦发了"无名火"已造成不良后果，则应尽可能去主动挽回

诚恳地向他人致歉，解释清楚自己发火别有原因并进行自我批评，请对方原谅，并经常以此告诫自己"不能让愤怒再造成类似伤害、再付出不愿付出的代价"，从而杜绝再犯。

当然，克服发"无名火"的根本是使自己的心理素质、自我修养全面提高，就自然不会发生这种恶劣的、损害自身形象的行为了。

尊重乡下人

首先应当指出，嘲笑别人是不可取的。因为乡下人与城里人之间的关系是平等的，不能因为自己是"城里人"而看不起"乡下人"。要知道，中国首先是一个农业大国，农村人口占全国人口的近四分之三，是农民的汗水浇灌了庄稼，为城市提供了粮食、蔬菜；是农民的勤劳种植了棉花，给城里人遮体御寒。在中国五千年的文明史上，农民谱写的篇章同样占有极其重要的地位。"乡下人"有

"乡下人"的长处，那些农田水利、种植养放的学问，我们一辈子也学不完；城里人有"城里人"的短处，只是自己不自知或不愿承认罢了。所以，看不起"乡下人"，甚至嘲笑农村同学，显然是错误的。

诚然，作为城市里的孩子，父母、学校、社会为我们的生活、学习提供了优越的条件，使得我们享受得多、经历得多、知道得多，有很多方面是那些生长在农村的孩子无法想象的，但这能成为我们自鸣得意、瞧不起人的资本吗？在我们所尽情享受的精神财富和物质财富里，有哪些是我们自己创造的呢？

是的，农村同学的身上可能确有许多让我们感到"土气"的地方，他们的穿着没有我们漂亮、时髦；他们的生活没有我们舒适、安逸；他们的言语没有我们丰富、生动，可这都源于他们生活的艰辛和物质的贫乏，而不是他们本身的错。我们有什么资格去嘲笑他们身上的"土气"？

并且，我们所嘲笑的"土气"中，有许多很可能就是那些被我们遗忘了的人类质朴、善良的本性。如果我们采用心理换位的方法，自己去体会一下做"乡下人"被人嘲笑的心情，又将做何感想呢？他们的吃苦精神、自理能力不更值得我们这些"城里人"好好学习吗？更重要的是，他们具有生活俭朴的优良传统、高尚美德和优秀品质。

一、生活俭朴是优良传统

在社会经济高速发展的今天，仍保持生活俭朴的自然美，是继承传统的表现，不必认为那落后了，跟不上时代了。

二、生活俭朴是高尚美德

社会主义时代的学生，应该具备生活俭朴的美德。当然，不是要同学们去穿破衣烂衫，去过吃糠咽菜的生活，当苦行僧；而是要有居安思危的忧患意识，要有应付各种艰难困苦的思想准备，否则容易滋长贪图享受、好逸恶劳的思想，丧失斗志、丧失解决突发事件的能力。

三、生活俭朴是优秀品质

艰苦奋斗的精神从哪里来？这是在平时刻苦耐劳、勤俭朴素的生活中磨炼出来的。那些正在虚心学习雷锋"螺丝钉精神"、"钉子精神"的同学们也是会有这种体会的。让我们在蜜糖般的生活中，不要忘记过俭朴的生活；让我们在深入学习雷锋的今天，要更好地学会过俭朴的生活。"在工作上，要向积极性最高的同志看齐；在生活上，要向水平最低的同志看齐"，绝不要因为有人说你"土"而与爱打扮、讲吃穿、贪安逸、图享受的人攀比，绝不让虚荣心抬头！总之，生活俭朴是劳动人民优秀品质的具体表现，不是什么"寒酸相"或"土"！"清水出芙蓉，天然去雕饰"。人们赞颂朴素的自然美、崇尚朴素的自然美。

尊重别人是处理人与人之间关系的重要准则。因此，我们要尊重从农村来的同学，注意汲取他们身上的可贵的质朴、善良的美德，做他们的朋友，各取所长，以求完善。

尊重少数民族

尊重少数民族生活习惯是党和国家民族政策的重要组成部分，是民族平等和民族团结的重要内容。尊重少数民族生活习惯，就是要从民族平等、民族团结出发，尊重各民族的平等权利，不能因某个民族的生活习惯不同而加以歧视或侮辱；一个民族生活习惯的保持或改革应由该民族的干部群众去决定，别的民族或个人不能强制或干涉；任何民族不能以自己民族生活习惯为标准去衡量和要求别的民族，也不能以个人的好恶去对待民族生活习惯，去处理与民族生活习惯有关的事情。由于民族生活习惯具有民族性、敏感性等特点。因此，在一个多民族的国家里，尊重少数民族风俗习惯，对于民族团结、社会稳定乃至国家安全都有重要意义。

那么，作为学生的我们如何尊重少数民族的生活习惯呢？

一、要充分认识尊重少数民族生活习惯的重要性

我国是多民族国家，有五十多个少数民族。少数民族在形成发展过程中逐渐形成了自己的语言、文字、风俗习惯。它反映了民族的历史传统、生活方式和心理感情。所谓生活习惯，主要指少数民族群众的衣着、饮食、居住、生产、婚姻和丧葬等方面的习惯。这些习惯具有一定的文化内涵，是少数民族独特的生活方式，也是一个民族区别于其他民族的标志，对一个民族的经济、文化和人们的生活、思想以及民族的发展进步、民族间的关系都有很大影响。少数民族对本民族的生活习惯有着特殊的感情，或引以为自豪，或奉为神圣，不容他人亵渎。不尊重少数民族生活习惯容易刺激民族感情、影响民族团结，不利于各民族的共同繁荣。因此，我们要尊重少数民族的生活习惯。任何歧视、不尊重少数民族生活习惯的想法和做法都是错误的，都是有害于民族团结、社会进步和国家昌盛的。

二、要尊重少数民族生活习惯，首先要了解并熟悉他们的生活习惯

我们可以读一些介绍少数民族生活习惯的书籍和文章，可以在跟少数民族朋友接触交往过程中留心观察、

虚心求教，还可以通过旅游、参观、调查访问、影视作品、专题研究等方式方法多层次、多侧面地了解。

三、认真地、诚心诚意地、不折不扣地尊重少数民族的生活习惯

1936年红军长征经过四川凉山彝族聚居区时，由于彝族群众深受国民党反动派的压迫，对红军北上抗日的方针不了解，将红军团团围住不让通过。红军反复宣传党的民族政策，并由司令员刘伯承和彝族首领小叶丹喝鸡血酒、结拜兄弟并送枪支弹药，终于赢得了彝族群众的理解和信任，红军才得以顺利通过。由此可见，只有尊重少数民族的生活习惯，才能加深各民族的相互了解和信任，促进民族团结，才能更好地维护国家的统一，推动国家建设的发展。

四、认真贯彻执行党的民族平等、民族团结的政策

我国《宪法》规定："各民族都有使用和发展自己的语言和文字的自由，都有保持和改革自己风俗习惯的自由。"因此，对少数民族生活习俗的侵犯，也就是对民族平等权利、民主权利的践踏。在我国加强法治建设的过程中，我们中学生应该成为学法、执法的模范，带头尊重少数民族的生活习惯。

善待家中来客

现在的学生因为忙于功课或者从小娇生惯养，很少去关注父母或者他人是怎样对待客人这一重要的事项。以至于接待客人时，有些同学会在不知不觉中做出一些对别人不礼貌的举止。因此，在这里必须提醒同学们注意待客中常见的失礼举止。

一、迎客

家中应保持整洁，待客用的茶杯、茶盘、烟灰缸等要擦拭干净，条件好的，还可以准备些水果、糖、咖啡等。客人来了，不论是熟人还是第一次来的客人，都要热情相迎。如果是约定时间，应提前出门迎候。客人进门后，主人应立即停止手中所做的事情，上前迎接。见面之初，主人应与客人握手，并致问候。接下来，应给家里其他人介绍一下，并互相问候，请客人落座。夏天气候炎热，可递给客人一块凉毛巾，先擦擦脸或者送把扇子，除汗消暑。有条件的，应及时打开电风扇或空调。在冬季则应请客人到暖和屋里，倒杯热茶。如果客人远道而来，要问问是否用过餐。小孩若在旁边，要教孩子向客人问好。

二、陪客

为客人敬茶，茶具要清洁，茶水要适量。茶叶太多则苦，茶叶太少则

淡；水倒得太多容易溢出，水倒得太少又难看。每次倒茶要倒八分满，以便客人饮用。端茶一般用双手，一手执杯，一手托底，不能用手指抓住杯口往客人面前送，这既不礼貌，又不卫生。续茶时，应把茶杯拿离茶桌，以免倒在桌上弄脏客人衣服。若有事情急办，可向客人说明，并请家人陪客，以免使客人被动尴尬。若又有新客人来访，应将客人互相介绍，一同接待。家里有客人时，家庭成员之间应该避免争吵。如果孩子不听话或是做错了什么事，应将孩子带开，不要当着客人的面训斥、打骂孩子。

三、留客

留客人吃饭，尽量在家准备；实在没有菜，再到饭馆去买现成饭菜，免得客人多心。给客人盛饭，要装八分碗。给老人安排的饭菜，尽量照顾老人的口味和咀嚼能力。要给客人带来的小孩找些玩具、小人书、画册，以免他们认生、哭闹。留客人住宿，最好让客人单住，房间要收拾整齐，床上用品要舒适干净，并根据客人的习惯选择合适的枕头。睡觉前要让客人熟悉电灯开关和方便的地方，以免夜间起来不方便。

四、送客

客人告辞时要以礼相送，送客除了说些道别话，还要注意一些礼节。客人怕影响主人时间，急于告辞，应等客人起身后，再起身相送，送客一般应送到大门口。对地形不熟悉的客人，应主动介绍附近的车辆和交通情况，或送到车站。远道或老年客人，如乘火车或长途汽车，应代买车票，送到车上，必要时，还要委托同路乘客或售票员帮助照顾。客人来访有时会带些礼品来，送客时应表示谢意，或相应地回赠一些礼物，绝不能若无其事、无动于衷。客人临别时，有时会遇到意外情况，比如，天气突然变冷或下雨、下雪时，这时应主动关心客人，拿出御寒的衣服或雨具给客人使用。对带行李较多的远道客人，应帮忙提送行李，陪送到车站、码头，并带上一些水果、点心之类的路餐以表示心意。客人由于疏忽或其他原因，有时会忘记要办的一些事情，因此，起程前，可以提醒客人是否有东西遗忘，是否有事情没办。如果客人有事情相托，只要力所能及，应尽力办妥。

热情对待新邻居

随着经济的迅速发展，人民生活水平的日益提高，一幢幢新的住宅大楼拔地而起，越来越多的家庭乔迁新居。搬入新居以后，所面对的都是新的面孔。在陌生的环境中，如何去和新邻居交往呢？俗话说得好："远亲不如近邻，近邻不如对门。"搞好邻里交往，既能增加相互间友谊，又有利于家庭生活，应该给予足够重视。

一、要主动去和新邻居中的每一个成员打招呼。讲究礼仪是中华民族的传统美德，向邻居打招呼这是有礼貌、有修养的表现。与新邻居的首次交谈很重要，双方都会在首次交谈中形成印象，心理学上称之为第一印象。良好的第一印象会给日后的交往创造成功的条件，恶劣的第一印象也会给日后的交往带来不好的影响。主动去和新邻居中的每一个成员打招呼，打招呼时要微笑、要自然，让新邻居感觉到你的诚意和友善。对不同年龄和身份的人，打招呼的方式各有所别，以显示出自己的知书达理、温文尔雅，给邻居一个较好的印象。

二、要主动关心邻居家的每一个成员，特别要关心新邻居的老人和孩子。邻居的家庭每一个家庭成员都是我们今后要交往的对象，友好的相处对大家都是件好事。对于邻居家的老人和孩子，我们要尤其关注，具体要注意以下两点：

1. 当邻居家只剩下老人或孩子时，可以去邻居家串串门，陪老人说说话，替老人解闷，或给小孩子讲讲故事。适当的时候也可以邀请他们去自己家中玩玩。这样，与新邻居的进一步交往就开始了。有的时候，邻家的老人爱唠叨，小孩爱吵闹怎么办呢？对此应该设身处地，体谅随和，言谈婉转，区别对待。老人爱诉说，你可耐心听听，这样既能建立感情，又能更多地了解他们的家庭情况。对有病的老人，可提供一些治疗信息或土方。闲暇时，可与老人拉拉家常。这样，你在老人的心中就会成为可亲近的人。你要看书，邻家小孩来吵闹，不可厌恶训斥，应以机智的话语引导。

2. 要在交往中了解老人或孩子的喜好，如果你的喜好与他们有所不同，也应妥善地处理。例如，老人喜欢古典戏剧，孩子喜欢打游戏机，而你并不喜欢，但最好表示出自己也有些兴趣，由于不精通，因而也就无法达到很喜欢的程度，让他们有机会向你介绍自己的兴趣所在，你也可以向他们讲讲自己的爱好、特长。这样，就形成了气氛融洽的交流。

三、用实际行动让新邻居感受到你的热情和助人为乐。例如，老住户虽然还不知道新邻居的姓名，仍应主动打招呼，嘘寒问暖"你是刚搬来的吧？""搬个家不容易呀，累坏了吧？"等，主动打招呼，会使人感到热情开朗，感情的纽带便开始建立了。顺便时，可以帮邻居拿牛奶、送信、提东西等，见到邻居家衣物飘落，或自行车停放不妥，应主动告之。总之要力所能及地帮助邻居。这样，新邻居就会从心底里接受你。

搞好邻里关系不仅有利于创造良

好的居住环境,有益于身心健康,而且有利于促进社会的安全与稳定。让大家都来为社会的发展尽一份力,愿大家都和睦相处、友好往来。

串门要有规矩

年轻人正是精力旺盛的时候,谁不喜欢多交几个朋友呢?朋友之间的互相往来,对于交流思想、沟通信息、增进感情、推动学习,都是大有裨益的。可是,有的学生朋友却因为这件好事而发愁。他们也喜欢到朋友家去串门,可是去了几次以后,就感到主人的热情在"降温",有人甚至感到自己简直像个不受欢迎的人。这是怎么回事呢?

其实,道理很简单,访友是一门学问,到朋友家串门也要讲规矩。这种规矩不是可有可无的繁文缛节,而是一个人文化素养、道德水准的外在表现。每一个当代学生,都应该懂得这些基本常识。

那么,访友做客该注意些什么问题呢?我想,大致有这样几个方面:

一、要选择适当的时间

有的中学生朋友认为,我和朋友关系不错,啥时候去跟他聊聊还不是一样。这种看法是欠考虑的。和朋友交谈是件好事,但它毕竟不能随心所欲,只应该在你和朋友都有闲暇的时候进行。你也许会有这样的体验:老师交给你的材料还未写好,你刚在桌上铺开了稿纸,却来了个朋友找你聊天,结果他谈了些什么你根本就没听进去。由此可见,访友做客一定要选择适当的时间,特别是要替人家考虑,尽量不要占用朋友的学习时间,做客不要过于频繁,时间也不要太长,以免给朋友带来麻烦,影响其学习和休息。

二、要注意自己的举止

文明礼貌是每一个人都应当具备的基本素质,即使到自己的朋友家去串门,也不应例外。就拿敲门来说吧!有的小伙子上门做客,用拳头使劲捶门,甚至用脚去踹门,这样的"通知"方法只能使主人感到不快。还有的人在朋友家里高跷着二郎腿,旁若无人,甚至乱丢果皮、烟蒂、随地吐痰,这样的行为更会引起人家的反感。所以,我们应该使自己的举止文雅大方、妥贴得体。到别人家里去做客,对人家的家庭成员,特别对长辈老人,要热情问候;对主人给予的招待,要及时道谢;要尊重别人家里的卫生习惯,不要给人家带来麻烦;如果你带着弟弟去串门,就得告诉弟弟不要乱跑乱叫,不要翻动和拿走人家的东西,更不能随地大小便。只有这样做,才会使对方感觉到你对他的尊重。

讲求文明礼貌 JIANGQIU WENMING LIMAO

三、要选择合适的谈话内容

朋友之间的往来,是建立在感情融洽的基础上的,朋友之间的交谈,也是一种平等的思想交流。所以,和人家谈话时,首先要耐心听取人家的意见,让人家把话讲完。如果自己有不同看法,也应该尽量用委婉的方式、和缓的语气讲出来,切不可当面就激烈地驳斥对方的看法,使主人在家里感到难堪。还须注意的是,除非特别必要,一般不要提及主人不愿谈起的事情。如果你要请朋友帮你的忙,如事情简单,你就不妨直言,无须转弯抹角;如事情复杂、棘手,你可以先谈些相关的事情来探问主人的态度,这样,就不会使朋友感到过于为难。

串门的规矩还有很多,上面谈到的只是常遇到的一部分问题。只要我们注意了这些,就会使自己成为一个受欢迎的人。

懂得谦虚礼让

谦虚礼让是指人的言行举止合乎一定的礼仪规范,待人接物和蔼可亲,彬彬有礼,不目空一切,不盛气凌人。

《论语》开篇写道:"人不知而不愠,不亦君子乎?"《尚书》中写道:"满招损,谦受益。时乃天道。"这里讲的是谦虚是作为君子的必要条件,谦虚可以使人受益。那么,谦虚怎样使人受益呢?谦虚可以得人心、合人意,可以赢得人缘。《后汉书》中记载:汉光武帝刘秀打江山时,手下有一名叫冯异的大将,每当打完一次仗大家论功时,他就离开人群,独坐在一棵树下,因此人称"大树将军"。由于他谦虚不居功,很得人心。所以,每次在整编部队时,士兵及一些将军都很愿意归属于他。其次,谦虚可以促进事业成功。《老子》中说:"大智若愚,大巧若拙。"道家强调的是水滴石穿、以柔克刚,在无为中求得有为。中华民族的谦虚美德实际上也是追求无为中有为的精神境界。谦虚就是放下架子,深入人群,在与周围人的调和中追求事业的成功。因此,貌似无为,实则进取有为。

谦虚的核心是善于发现自己的短处和别人的长处,能够乐于采人之长,补己之短。礼让指语言、动作谦逊、恭敬,与粗野、蛮横相对。它包括友好诚恳、与人为善的态度,亲切文雅的语言,和颜悦色的表情,以及各种文明进步的礼节等。礼让的关键是尊敬他人,是发自内心地对他人尊敬的一种态度与表现。从某种意义上说,谦虚是礼让的内在根源,礼让是谦虚的行为表现。谦虚礼让是维护人与人之间的友好、协调、和睦相处的必不可少的条件。谦虚礼让是一个人的精神面貌和文化素养的突出标志。

青少年学生在谦虚礼让方面应做到与人交往时平等待人、友好相处；在公共场所举止文雅、文明礼貌；待人接物时主动热情、落落大方。

公共场所的礼仪修养是一个民族的形象，是一个国家的风尚，体现在每一个公民的身上。在建立社会主义市场经济的新环境里，中国经济要走向世界，世界经济要进入中国，每个人都毫无例外地要遇到国内、国际市场的激烈竞争，人们的活动范围越来越大，交往的人员越来越多，不仅有本国的、本民族的，而且还有大量外国的，世界上各个民族的人们。所以，人人都要重视社会交往活动，学习礼仪，我们中华民族的每个公民都应该在自己身上体现出文明古国和礼仪之邦的风韵来。

第一，不论是到什么样的公共场所，基本的要求是要考虑到别人的方便，做到尊老爱幼、尊重他人，不打扰别人、不妨碍别人，说话小声、保持安静，处处注意自己的言行举止，做到和蔼持重、文雅大方、谈吐斯文。穿高跟鞋的女士要特别注意，分清场合，如办公室等公共场所，尽可能使高跟鞋发出的噪音减少到最低限度。有的人唯恐别人不知道她穿的是高跟鞋，走起路来高抬腿，重落步，发出的声响特别大，这必然引起人们的注意，甚至还会让人产生反感。

第二，在公共场所的穿戴要做到整齐、干净、朴素，不要过分炫耀。有些人，特别是一些女士奇装异服，古里古怪，着意要引起别人的注意，追求所谓的回头率。这是一种虚伪、浮华、不自重、不自尊的表现，也是礼仪修养不良的表现，有时还会给自己招惹麻烦或灾难。据日本某公司董事长说，有一次，她带领一批日本客人到杭州西湖旅游，有几个女学生露着大腿坐在湖边上，嘴里还吃着东西，引得一些男士们朝她们看去，她们只好用自己的身体挡住他们的视线。这很不雅观，也是缺乏礼仪修养的一种表现。

第三，在公共场合要保持自己的身体平稳、安静、无异味，即身体尽量不要发生声响和散发异味，如肠鸣、打嗝儿、放屁、吧唧嘴；散发脚臭、狐臭、吃生蒜、生葱、生韭菜等的气味。有些人不注意这些，明明下午有集体活动或到公共场所去，午饭还吃大蒜，走到哪里，哪里就是一股刺鼻的生蒜臭味，实在令人恶心、讨厌、反感。

第四，在大街上行走要注意交通规则，不要随便横穿马路，要注意交通安全。如果两个人以上一起走，不要并排一起行走，以免妨碍别人走路，要给别人让开路。特别要提出的一点是不要在马路上围观，一大群人围观在马路上，既妨碍交通、有碍市

讲求文明礼貌　JIANGQIU WENMING LIMAO

容，也不安全。过去常常会见到围观外国客人的场面，这是很不礼貌的。现在最常见的是围观打架的、吵嘴的，只要有点争执出现，就迅速有一大群围观者出现，这样做既不文明，也不雅观。

第五，在公共场所里不要吸烟、不要吃东西，更不要随便乱丢乱扔废弃物，也不要随地吐痰、擤鼻涕，用完卫生间，一定要冲水，不要形成恶性循环，臭气熏天。

第六，在公共场所的出进，一定要做到轻、缓、静，不要用脚踢门，也不要慌慌张张、毛手毛脚，以免引起不必要的误解。

第七，在公共场所不仅要谦恭、文雅，而且还要爱护公共财物，不要乱写乱画，更不要乱刻乱毁。如在公共汽车上、地铁里、公园里要做到给老弱病残者让座，不要折损花草，攀墙上树，更不要往墙上、树上、文物上刻写各类的字样；在教室里不要在桌子上乱写乱画，甚至乱刻。极少数的人十分好表现自己、卖弄自己，这是不好的习惯，也是不注意礼仪修养的表现，要注意克服自己的不良习惯，加强思想意识修养，做一个老老实实、精神高雅的人。

第八，男女一起在公共场所里，男士要照顾、优待女士，如上下车、进出门等，但女士也一定要自重，不要有轻浮的举动出现。有些青年男女在公共场所里勾肩搭背、搂搂抱抱，有的还在众目睽睽之下接吻。这些在我国的传统观念中，显得格格不入，至少对这种西方式的情感表达方式感到不适应。既然有人看着不舒服，有碍雅观，就可以说是一种不礼貌的行为。

公共生活礼仪

一、走路礼仪

在日常生活中，我们最普遍的行动方式就是走路，包括我们上学、逛街、串门、散步。但就是在这平常的行为中，却包含着一系列的礼仪要求：

1. 遵守行路规则，保持交通秩序。要走人行道，不擅自到自行车或机动车道；过马路时一定要走人行道。如果是路口，一定要等绿灯亮了，再看两边没车时才能通过。

2. 对待行人要礼让。路上车多人多，比肩接踵，因此要提倡相互礼让。在人群特别拥挤的地方，万一不小心撞了别人或踩着别人的脚，要主动道歉。如果是别人踩了自己的脚或碰掉了自己的东西，切不可口出恶言，厉声责备，如口出"干什么！""你没长眼睛啊？"之类的粗言，而应该宽容和气地说："慢一点，别着急。"

3. 见到熟人要主动问候，千万

不要视而不见，把头扭向一边，擦肩而过。如果在路上碰到久别重逢的朋友，想多交谈一会儿，则要靠边站，不要站在路当中或拥挤的地方，以免妨碍交通，增加不安全的因素。

4. 要留意自己的走路姿势，这是个人精神风貌的表现。正确的走姿是：挺胸抬头，不驼背含胸，乱晃肩膀；目光要自然前视，不左顾右盼、东张西望。

5. 不能边走路，边吃东西。这种行为是很不卫生的，同时也不雅观。如果确实是肚子饿了或口渴了，也可以停下来，在路边找个适当的地方，吃完后再赶路。

走路时要注意保持环境卫生，不要随地吐痰、随手抛弃脏物。

二、骑车礼仪

除了走路，我们最经常用的交通工具就是自行车。既然走路都有礼仪规范，那骑自行车也就少不了一些注意事项：

1. 遵守交通规则，不逆行，不闯红灯，不突然转弯，不与其他骑车人勾肩搭背，不骑车带人，不互相争抢路道，不嬉戏追逐或比赛车速，更不可在大街上横冲直撞。

2. 骑车时，要礼让他人。在过路口时，要礼让行人；特别是对前后左右行动迟缓的老人、小孩，要谅解，不要责难；不可以在行人背后频频按铃或粗声吆喝。如果不小心撞了行人，应主动下车道歉、搀扶；如果撞得比较严重，应立即陪送其上医院包扎治疗。千万不能撞了别人就飞车溜走，这是毫无道德的可耻行为。

3. 骑车到某些场合要下车。例如，进校门、机关、工厂大门时，要下车向门卫致意，征得门卫同意后方可推行入门。在较窄的小巷、小路行驶时，应尽量减慢车速或下车推行。

三、公交礼仪

乘公交车是现代人们出行的一种重要形式，但由于我们国家交通事业还不够发达，通常车厢里十分拥挤。这时候就要求乘客彼此之间要礼让，讲究文明乘车。作为一名乘客，我们也同样应该遵循文明的乘车规则：

1. 遵守乘车秩序。候车时，要按先后顺序排队；车来后，要按顺序上车，不要争先恐后、乱挤乱撞；发现有老弱病残者或女士上车时，要主动让其先上车。

2. 乘车前后处处礼让。在车厢内不要争抢座位。遇到年老体弱的乘客、孕妇或怀抱婴儿的母亲或比你小的小朋友，都要主动让座，给以关爱。如果别人给自己让座，应说声"谢谢"，不要以为别人给自己让座是天经地义的事。

3. 处处宽容忍让。由于车上人很拥挤，相互之间难免磕磕碰碰。如果自己踩到了别人，要马上向对方道歉，说声"对不起"等；一旦被别人碰到了，要点头示意表示谅解，千万不可骂骂咧咧。

4. 雨天乘车要时刻为别人着想。进入车厢要脱下雨衣，避免雨水弄湿别人；记得把雨伞的尖顶部分朝下，以免戳伤他人；腥湿的物品最好先放进塑料袋里，以免弄脏他人的衣服。

四、观众礼仪

中小学生对很多事物都感兴趣，特别是电影、演唱会或者体育比赛。一旦有了机会，就会去这些场所里观看节目。这时候，作为一名观众就要遵循一定的规范：

1. 按时入场。按照规定的开场时间，通常都应提前几分钟到达，对号入座。不得已迟到了，应悄悄入场。入场时要弯腰行走，以免挡住其他观众的视线。

2. 避免遮挡别人。进场后要主动摘下帽子或者围巾，以免挡住后边观众观看节目。如果是在露天运动场看比赛，为了防晒，可以戴太阳帽，不过也要以不遮住别人的视线为宜。坐下后，不要经常左右晃动或在看台上来回走动，以免影响后排的观众。

3. 不能把脚伸到前面座位上。有的人为图舒服，把自己的脚伸到前面的座位上去，或架在前排座位的椅背上。这种行为，在公众场合中是极为令人厌恶的。

4. 禁止喧哗打闹。作为观众，在观看过程中不可高声发表评论。有的同学在观看电影时，为了显示自己对情节进展有预见性或已经看过，于是便忙着预言或介绍，唧唧喳喳个没完；或者是当某些情节不明白时，便大声向周围的同学发问"这是怎么回事呀"、"他是好人还是坏人"，这些打扰他人的行为，应该避免。有时候在观看节目的过程中，因特殊事故节目中断了，这时应坐在座位上耐心等候，不要大喊大叫或敲打椅子。这些都是缺乏修养的行为。

5. 避免喝倒彩。观看到精彩之处可以鼓掌，表示赞许或高兴；当在表演或比赛中出现失误时，不应喝倒彩、吹口哨或发出嘘声。特别是看球赛时，应自觉当文明球迷，为双方运动员的精彩表演鼓掌；当客队占优势或取胜时，不应喝倒彩或起哄。

6. 有序退场。观看结束时不要争先恐后地退场，而应照顾妇女、老人和幼儿先走，以免拥挤时发生意外。有时，有些同学怕散场时拥挤，于是在节目还没结束时，就匆匆离去；或中途觉得节目不好看，就大摇大摆地退场。这些做法都是应当尽量避免的，因为这样做显然会影响别人的观看情绪。对此，我们应宁愿多坐几分钟，晚一点回家，也要做一个有礼貌、讲文明的观众。

五、展览礼仪

展览作为一种增长见识的好机会深受青少年朋友的喜爱。经常到展览馆参观，有助于我们开阔眼界、增长知识，这是个很有益的课外活动。日常生活中，同学们经常会接触到各种各类的展览，如书法展览、绘画展览、科技发明展览等。展览馆和图书馆一样，都是公共场所。当同学们步入其中时，要注意以下的公德和礼仪要求：

1. 保持严肃、安静。展览馆是一个要求严肃、安静的场所，在参观过程中，一定要时刻想着"安静"两个字。

2. 仔细对待讲解。展览会一般都设有讲解员，当讲解员讲解时，应耐心听取，不要轻率插话。如果对某一问题感兴趣或想进一步了解情况时，可在讲解间歇时向讲解员有礼貌地提出来。万一讲解员的答复不能使自己满意，也应向讲解员表示感谢，不可流露出不满意的神情，或一声不吭地走开。

3. 尊重文字提示。展览会中，一般都规定不能摸展品，有的还不准照相。凡看到"请勿动手"字样，便自觉不触摸；凡标明"谢绝入内"的场所，也不要擅自闯入。

4. 遵守现场秩序。展览会中，主办者有时会散发一些宣传品。领取宣传品时应讲秩序，不要乱哄乱抢。如宣传品对你无用处，那也不可在场内随意乱扔，应将其带到场外再处理。

六、购物礼仪

谁都会去购物，中小学生也不例外。在日常生活中，逛商店、购物是常有的事，也就免不了要和售货员打交道。我们在购物时，也应体现出良好的修养：

1. 看到想购买的商品，最好用恳切的声调招呼售货员，而不要"喂、喂"乱叫，更不能用命令式的语气说话。当售货员正在为别的顾客服务时，应在旁稍等片刻，不要急于招呼，更不要用手猛敲柜台和橱窗，而应耐心等待一会儿。

2. 在挑选商品时，应事先有考虑，在选购时不要太挑剔，以免影响营业员为别的顾客服务。在挑选易损、易污的商品时，必须小心谨慎；万一不小心损坏了物品，应主动赔偿或把损坏的物品买下来，切不可强词夺理不认账。

3. 售货员如果计错钱、找错钱、拿错商品等，我们应表现出谅解的态度。遇到个别态度不好的售货员时，也不必与之争吵，而可以找商店负责人说明情况，要求解决。

4. 购物完毕后，应有礼貌地向售货员表示感谢。

七、求医礼仪

日常生活中，谁也免不了生病。

得了病就要去医院,在求医问诊的过程中,我们也要遵循相应的礼貌惯例:

1. 文明候诊,遵守医院秩序,挂号依次排队。候诊时不要大声谈笑和随意走动,也不可在候诊室内随地吐痰和乱丢果皮、纸屑。当医务人员叫到自己的名字时,应该礼貌应答,随后到指定的位子坐下,不要犹豫、拖拉,以免烦劳医生一再叫唤。

2. 要尊重医生、信赖医生。我们要平等对待新老医生,对他们表示出同样的尊重。当年轻医生为自己诊病时,要积极配合,主动提供病情症状,协助医生做出正确的诊断。应该有礼貌地向医生述说自己的病情,切不可随意打断医生的话,也不宜向医生点名要药。

3. 一旦遇到不负责任的医生,而对疾病做出了自己认为可疑的处理时,也不要随便发火,而应该耐心询问,请医生释清疑虑。

八、就餐礼仪

生活离不开吃饭。自生活水平提高之后,很多人就开始习惯于到餐馆吃饭。进餐馆吃饭同在自己家里吃饭,其礼仪方面的要求是不一样的,我们要注意以下事项:

1. 在进餐馆推门时,不要用力猛推;要想到可能有人走在你的后面,不要砰的一声把门关上,或猛一松手,让门自己打回。应该是用右手推门,然后再轻轻送回。如果有人走在你的后面,应等后面的人接门后,再轻轻地放手(在其他公共场所,在推门或关门时也应如此)。

2. 礼貌入座。一般来说,餐馆里有专门的服务员引领顾客入座,顾客应尊重服务员的指点,跟随前往;如果没有服务员的引领,则可自己寻找空位入座;如果餐桌上已有顾客先到,应先礼貌地问一声:"请问,这里可以坐吗?"在得到肯定的答复后才可入座。入座时,抽出座椅的动作要轻巧,不要乱拉乱拖,乒乓作响;还要注意在自己的座位和邻桌座位间留出通道,以免影响服务员出入。

3. 礼貌点餐。入座后,应有同往的大人们招呼服务员,招呼时,一般应用眼色或举手示意,不能高声大叫,以免骚扰其他顾客,而且要注意礼貌。"喂、喂"乱喊,是缺少教养的表现。待服务员送上菜单后,应有大人们先点菜,不要与大人们争着点菜,而且注意点菜的时间不要很长,不要讨论来讨论去,让服务员站在那里等半天。

4. 礼貌进餐。进餐时要特别注意自己的吃相和举止。吃饭时要细嚼慢咽;嘴里不要发出声音;不要往地上吐东西,可以把骨头、鱼刺放在你的小盘子里。如果牙缝里塞有东西,可到卫生间去漱漱口,不应当着别人的面剔牙;如果要剔,也要用右手剔，左手挡着嘴，并注意不要边剔边吐。用餐中途，如果有顾客想和自己同桌，应表示欢迎；同时，不妨酌情移动一下座位，让后来者可以宽舒地入座。

5. 礼貌退席。结束进餐，待要退席时，应向仍在席间的客人道别，如果同桌客人不相识，可以不必说什么。走出餐馆，还要回头看看近距离是否有人，不要让门打在后来者身上。出门后，步态要正常，身子不要后仰，不要一边剔牙一边走，控制一下饱嗝，否则将非常失面子。

家庭生活礼仪

一、亲人也要讲礼貌

人们总是觉得用礼貌的态度对待陌生人或家庭成员以外的人是很有必要的，在这种情况下，他们会自觉地注意自己的礼仪修养。但当他们对待自己的家人或熟悉亲近的人时，似乎就认为没有必要讲礼仪了。这种观念当然是错的。家人之间虽然存在特殊的亲情联系，但一样有讲礼貌的必要。这不是什么虚情假意，也不是什么"假客气"，而是对家人真心诚意的尊重。

坦率地说，有相当一些中小学生对家人往往不讲礼貌，不注意尊重父母长辈。例如，在家里不喊爸爸妈妈，不喊爷爷奶奶，只是随口

"喂、喂"地叫唤；家人正在津津有味地看电视，遇到他不喜欢看的节目，也不征得大家同意，便自作主张，更换频道；父母劳累了，需要安静休息一会儿，他却把收音机开得震天响，满屋子都是强烈的迪斯科音乐；父母身体不适时，不关心、不体贴，不知嘘寒问暖；有些同学在家简直就像一位土皇帝一样，自己能干的丁点小事也要指使家人干……

父母长辈与兄弟姐妹们一般不会与你斤斤计较这些，但如果长此以往，就会无形中伤害、刺痛他们的心，从而影响他们的情绪，也影响了他们的工作、学习，使你与他们之间产生隔阂，导致家庭不和睦。假如我们每个人都能与家人互相体贴、互相关心，彼此宽容体谅，处处以礼相待，那家庭生活一定会充满温暖、充满欢声笑语的。

家庭是人生的第一个港湾，在这里，我们开始了航行人生大海的准备，于是家庭生活就是社会生活的提前训练。只有从家庭生活中，从与我们最亲最近的家人相处中，开始学习做人的礼貌，不断提高自己的修养，养成文明的习惯，才可能进而在社会上做一个文雅、得体和备受欢迎的人。

二、勤向父母问候

子女应该经常向父母问候，这是一种尊重和体贴的实际表现。父母工

作劳累,如果能得到你一个充满爱心、关怀的问候,那么,他们的疲惫、烦恼,甚至病痛,都会在你像春风一般的亲情关怀中顿时消失。

早上起来时,一声问候不能省略,如"爸爸,早安"、"妈妈,早上好";晚上睡觉前,也别忘了向父母说"妈妈,睡个好觉"、"爸爸,时间不早了,早些睡吧"。当父母生病的时候,在端药送水的同时,应时时加以劝慰、问候"爸爸,好点了吗?好好休息,很快就会好的"、"妈妈,你想吃点什么?您放心歇着,家务活我会干的"。

过新年时别忘了你自己的父母,每个人都应不忘向父母说上一声:"爸爸、妈妈,新年好!"每逢父母亲的生日或母亲节、父亲节时,应送上一件有意义的小礼物,献上深切的祝福"爸爸,祝您工作顺利、事业成功"、"祝妈妈生日快乐,永远年轻、漂亮"等。

三、兄弟姐妹间的礼仪

兄弟姐妹是家庭的重要成员,他们的和睦相处关系到一个家庭的愉快和幸福。兄弟姐妹之间如果能互相体贴、互相关心,有了矛盾时不争不吵、互谅互让。这样的家庭环境,必然十分幸福。但是,在生活中,兄弟姐妹都是差不多同龄的人,朝夕相处,要做到处处符合礼仪,也并不是一件容易的事。如果

你希望与兄弟姐妹之间能和睦相处,那么就要努力做到:

如果你作为哥哥或姐姐,就应时时以身作则,努力帮助父母,多干家务活;遇事要宽容大度,不与弟弟妹妹斤斤计较,更不要以为他们比自己小就随意指挥他们干活;当弟弟妹妹求教或请求帮忙时,应耐心帮助和解答,切忌不耐烦或不屑帮忙;弟弟妹妹有错时,不要在父母或他人面前斥责他们,以免伤害他们的自尊心,更不能经常在父母面前"告状",而引起他们的反感。万一与他们发生争吵,应当着弟弟妹妹的面,在父母面前做自我批评。

如果你作为弟弟妹妹,你做事一定要尊重哥哥姐姐。不能有"我比你小,你应该让我"的优越感,更不能娇蛮无理,做什么都不把哥哥姐姐放在眼里,为所欲为,不为他人着想。一旦与哥哥姐姐发生争执,不要利用自己的优越地位到父母亲面前"告状",避免加深兄弟姐妹间的矛盾。

总之,兄弟姐妹之间应该相互谦让,彼此关爱;长爱幼,幼尊长,情同手足,共同创造温馨、祥和的家。

四、学会规劝父母

家庭生活中发生一些矛盾是很平常的,关键是要看我们怎样合理地去处理、化解这些矛盾。家里的矛盾,有时来自于父母之间,有时是父母与

自己产生矛盾。而这些矛盾的产生有的是由于自己的过错，而有的却是父母的过错。当因为父母的过错而出现矛盾时，我们应该正确地规劝他们。

首先要体谅父母。父母也是普通人，也就免不了犯错。天底下父母子女之间没有什么不可调和的矛盾。作为子女，遇上父母有失误时切不可得理不让人，与父母大吵大闹或对其不理不睬。这样做只会适得其反，深深伤害父母的心。

有时家庭矛盾是因为家长的行为过失而造成的，此时问题可就不是靠耐心或解释所能解决的。这时候，我们必须懂得运用婉转的方式规劝父母，以帮助他们改正错误，解决矛盾。但父母毕竟是长辈，学识和经验都比我们丰富，对他们进行规劝，便要特别讲究礼仪，不可说得太直太露，咄咄逼人。

不同的父母有不同的个性。有的通情达理，容易接受儿女的规劝；有的比较固执，知道错了却不肯承认，或是知错却不愿悔改。碰上这种情况，又该怎么办呢？这个时候，我们更不应和父母吵闹，而应开动脑筋，想出巧妙的办法，有策略地提醒规劝父母。而不论我们采取的是什么样的策略，只要我们的动机是关心和爱护大人的，做法是礼貌和婉转的，终究是能奏效的。

五、外出不忘打招呼

年龄增长了，我们可能会需要更多自由支配的时间，也希望能更加自主地进行自己的活动，这种心态是很好理解的。但是，有的同学在理解这种自由的同时，往往将他与离家时同家里打招呼、"备个案"的礼仪要求对立起来，认为如果每次外出都跟家里打招呼，那等于没有了自由。

首先我们必须承认自己的年轻，所以在家庭中仍然是受呵护、受照顾的，每个同学应该理解家人对自己的担心。那些外出从不与家里知会的同学都曾导致过家人为自己的"失踪"而担惊受怕。出门打招呼，回家报告一声，这其实是家庭成员必具的一种礼貌，也是家庭生活正常化的一种保证。

如果你因为某事而没按正常的规律返家，而且事先也没有通知家人，那么，你的家人一定会开始担心、焦急，甚至开始到处打听，了解你的行踪、去向，甚至因此在同学、老师中引起一连串波动，造成不必要的影响。而本来，只要你将自己的活动安排事先告知家里，这一切焦灼、烦恼和波折，都完全不会产生。

遵守《学生守则》

国有国法，家有家规，校有校纪。没有规矩，不成方圆。《学生守则》（以下简称《守则》）是学校对每一个学生提出的各个方面的行为规则。作为一个学生，必须严格遵守《守则》。

一、要认真学习《守则》，了解其内容。只有把《守则》中所规定的内容一条一条地铭记在心，才能按照《守则》上的要求去做。心中有了目标，行动才有方向。

二、要认识到《守则》是每一个学生做人的准则。学生时期是一个人养成良好习惯的重要时期，就拿中学生运用"十字"文明语言来说，每一个中学生都能准确、流利地说出"十字"文明语言的内容，但是落实在行动上的情况却又不一样了。有的同学有问题要请教老师，却不知道要先称呼老师，也不知道说"请问……"在得到老师的答复之后，也不知道说声"谢谢"，而是转身就走了，或是坐在自己的座位上继续忙自己的事情了。这看似小事，却关系到今后的处世立身之道，万万不可忽视。

三、只是简单地记住了《守则》内容还不够，要深刻理解每一条规则对我们学生所提出的具体要求，并且时时刻刻落实在行动上。平时要不断地用《守则》对照自己的言行，规范自己的行动。在学校里，佩戴校徽、尊敬老师、同学之间团结友爱、认真上好每一节课、积极参加各项集体活动、认真劳动等。

在家里，尊敬长辈、不顶撞父母、帮助父母做一些力所能及的家务活、认真上好晚自习、遵守作息制度等。在社会上，也要时刻牢记《守则》对我们提出的具体要求，自觉遵守社会公德，维护社会秩序，做一个有礼貌、讲文明的学生。

总之，遵守《守则》，要从不自觉到自觉，从不习惯到习惯。只有不断充实、完善自己，才能努力使自己成为一名有理想、有道德、有文化、有纪律的合格的学生。

遵守展览馆、纪念场所的纪律

学生除了在课堂上学习理论知识外，还要经常到社会实践中去学习，而各类展览馆、纪念场所的参观，增长知识、开阔眼界。那么参观展览馆、纪念场所，应怎样遵守纪律呢？

一、要自觉遵守馆内秩序，按顺序参观，保持肃静，不可任意在展室内穿来穿去和不停地议论。如我们到烈士陵园扫墓，到烈士展览室参观，是为了悼念、缅怀先烈，学习先烈的革命精神，寄托我们的哀思，从而激励自己继承先烈遗志，努力学习，成为四化建设有用人才，整个活动应严肃、认真。假如同学们说说笑笑、哄哄闹闹，既影响了别人又削弱了活动的意义，很难达到参观的效果。

二、要做个有心人，最好是边参

观边记录，将适合自己兴趣的内容记录下来，尤其是一些数据，要记得准确、详细，以便自己日后参考，同时要认真听讲解员的讲解，认真看解说词、图片和实物等。

三、要养成良好的卫生习惯，言行举止要文明，切不可随地扔脏物和随地吐痰。不可吸烟，以免污染了环境。

四、展览馆、纪念场所一般是国家文物的收藏点或是专家们根据某一重要科学领域成果而精心设计、布置的，切不可蓄意破坏，也不能乱碰乱摸，更不能在墙壁上、纪念物上乱涂乱画。

五、应自觉按规定购票入场。如果对学生优惠，应主动出示学生证或介绍信。

总之，我们要自觉维护和创造一个良好的参观环境；通过参观，真正达到增长知识、开阔视野的目的，从而提高我们的精神文明素质。

遵守交通规则

红绿灯是协助交通警察指挥交通的灯光信号，设置于车流量较多的交叉路口。同学们骑车过马路（交叉路口）时遇到红灯，无论是否有人看管都应当停止前进，不得闯红灯，这是我们自觉守规的表现，是对我们自控能力的检验。

同时，对于维护公共安全和社会秩序，也是十分必要的。歌德说过这样一句话："一个人只要宣称自己是自由的，就会同时感到他是受限制的。如果他敢于宣称自己是受限制的，他就会感到自己是自由的。"与人方便，才能与己方便。所以，我们要自觉遵守交通规则。

大量交通事故材料表明：自行车出交通事故，重要原因是骑车者不遵守交通规则。因此，我们骑车时应注意以下几点：

首先，必须提高遵守交通规则、注意交通安全的自觉意识，提高精神文明的水准。

其次，增强道德观念，严格遵守交通规则，骑车过马路，红灯亮了，主动停车。

再次，克服侥幸的心理，"宁停三分，不抢一秒"。如此，就能杜绝骑车闯红灯而发生的交通事故隐患，减少交通事故的发生。

另外，我们应该知道的一点是，红灯亮时，如果骑车右转弯时，可以通行，但要注意伸出右手示意，注意不要碰撞他人，必要时下车推行。

不做羞耻之事

吃喝玩乐有节制

有的同学认为整天吃喝玩乐很潇洒，这显然是不恰当的。人的生活离不开吃喝玩乐，吃饱饭、穿暖衣是人生活的基本需求，当然有条件的话，吃得富有营养些，穿得美一点，繁忙的工作之余安排些娱乐活动，那也是提高人们生活情趣的方式。可是如果把吃喝玩乐当做生活幸福的目标，加以追求，那就有失偏颇了。

人有各种需要，当需要得到满足时，便会产生欢愉和幸福感。吃喝玩乐只是人的生理需要、物质要求。这是人的最基本的需要，也是一种低层次的需要。而人的求知需要、事业需要等精神需要，才是高层次的需要。人的低层次需要得到满足，也会产生欢愉，但不是生活幸福的唯一标志。而只有当一个人物质与精神生活得到满足，不仅物质生活优越，而且精神生活丰富、知识渊博、事业有成就、于国于民贡献大，才会有真正的幸福生活。

有的人绫罗绸缎、花天酒地，物质生活够丰富的吧，但精神生活却十分贫乏，常常感到空虚、无聊，这算什么幸福！而那些孜孜不倦地在书上攀登的学者，在科技项目上攻关的科学家、发明家以及在各种平凡的工作岗位上为社会主义祖国作出贡献的人，才是精神生活极其富有与幸福的人。

另外，长期不节制的吃喝玩乐，特别是夜间饮酒过度，或整夜上网、打麻将、打扑克，使人的精神长时间处于亢奋状态，难以入睡，而到了白天就会萎靡不振，还有可能带来身体不适，严重的甚至引发心脑血管疾病，导致猝死。同时，夜晚过度喝酒、唱歌引发打架斗殴造成创伤，因交通事故造成的外伤患者也不少。

青少年正处在长身体、长知识的时期，不能停留在低层次的需求上，追求眼前的物质享受，与成年人比消费水平，应该树立正确的幸福观。努力去追求高层次的精神需要，在学习与掌握渊博知识高超本领和尽力奉献中去获得幸福。真正的幸福不是物质享受，而是为国为民做出贡献。愿大家都能在平凡的学习与生活中焕发青春，做出不平凡的业绩，以争取获得真正的幸福生活。

不吸烟、不酗酒

当代中学生绝大多数胸怀凌云壮志，向往"长风破浪会有时，直挂云帆济沧海"的生涯。他们在浩瀚的知识海洋中遨游，以寻觅书海中的奇珍瑰宝。但也有少数意志薄弱者，经不起海浪的冲击，吃了几口水，甚至触礁冲进了荒滩，难以救药。如果在生活中有人教唆你吸烟、酗酒，怎么办呢？

首先，我们必须认识到吸烟和酗酒的严重危害。养成吸烟恶习，会影响学习进步。少数未成年学生误以为吸烟"像大人"、"够气派"、"很好玩"、"很刺激"，于是他们从模仿成人吸、背着教师吸、偷着家长吸到三五成群扎堆吸、厕所吸，最后吸上瘾。他们还整天琢磨怎么搞到烟，怎么躲避上课。另外，人在吸烟时，会大量吸入一氧化碳等有毒气体，使血液中缺氧，造成头痛、头晕、乏力等症状，使精神萎靡，智力下降，从而影响学习。

酗酒影响身体健康。酒是一种麻醉剂，影响中枢神经系统，有害身体健康，并可导致其他疾病的发生，饮酒过量甚至会有生命危险。酒对人体的危害主要在于酒精，酒精可以使人早衰。未成年人正处于生长发育阶段，身体的各个器官尚不完全成熟，饮酒会影响身体的正常发育。酗酒可导致学习退步。长期饮酒，记忆力、判断力下降，注意力无法集中，智力开始减退，从而导致学习退步。

吸烟、酗酒都可能诱发未成年人违法犯罪。有的未成年人为买烟而不吃早点，影响身体健康生长发育；有的向别的同学借钱，发展到钻空子偷钱、抢钱；有的与社会上不三不四的人勾结在一起，甚至结成扰乱社会治安的流氓团伙，最终堕落为违法犯罪分子。同样有的未成年人为了喝酒，采取偷、骗、抢、诈等非法手段获取金钱。另外，"酒能乱性"过量饮酒后自己无法约束自己，控制不了言语行动，酒后打架斗殴，甚至伤人、杀人的案件屡见不鲜。

由此可见，吸烟、酗酒是一个很严重的问题。那些教唆我们吸烟、酗酒的人居心叵测，妄想拖我们下水，把我们引入犯罪的深渊。我们应义正词严地加以拒绝，与之展开针锋相对的斗争，必要时要报告公安部门备案。如果我们不用《中学生守则》来约束自己，放松思想上的防范，听任社会上的坏分子用烟、酒来引诱腐蚀，逐步上钩，总有一天也会滑到与人民为敌的泥坑里去。古人云："一失足成千古恨。"我们切不可一时好奇，毁了终身。

总之，未成年人吸烟、酗酒不利于身心健康，并极有可能诱发各种伤害事故，导致违法犯罪，有百害而无一利。因此，未成年人应严格遵守《中学生日常行为规范》，绝不吸烟、酗酒。

坚决避免吸毒、贩毒

吸毒，指吸食鸦片、海洛因或其他毒品；长期注射吗啡、杜冷丁等，危害极大。吸食毒品容易成瘾。一旦成了瘾君子后，身体就会受到很大的摧残，如消化不良、体力下降、面黄肌瘦、精神萎靡，不但不能坚持正常的学习、工作和生活，而且，还会导致坐吸山空，倾家荡产，甚至为了筹集吸毒资金，千方百计干出偷窃、抢劫、杀人、卖淫等不法勾当，成为社会上的罪人。我们中学生要警惕坏人的引诱，切勿上当受骗。

有的同学也许会想，我看吸毒是挺新鲜的事，偶尔玩一玩、试一试，没什么大不了。这一想法是不现实的、错误的。毒品都是一吸就上瘾，一上瘾就难以戒掉。因此，我们千万不能抱侥幸心理，即使一次，也应坚决拒绝，要做到"拒腐蚀，永不沾"。

一、关心报刊杂志广播电视等传媒的有关宣传，积极参加学校组织的法律宣传报告会，或参观有关展览，参加关于吸毒、贩毒情况的社会调查，或听吸毒人员的悔过检讨等，提高对吸毒危害性的认识和抗吸毒的自觉性。同时，我们要树立远大的志向，培养高尚的情操，刻苦学习，慎重交友，从根本上"拒腐蚀"。

二、万一身边出现了吸毒青年，要协助有关部门向他们宣传吸毒的危害性和有关法律，劝阻他们不要吸毒，建议他们进禁毒学习班，以根除毒瘾，重新做人。

三、我国法律规定，引诱、教唆、欺骗他人吸食或注射毒品构成犯罪。因此，有人引诱你吸毒应立即设法报告公安部门，并协助公安部门顺藤摸瓜，将吸毒、贩毒分子捉拿归案，以根除祸患。

如果有人找你代贩毒品，你必须坚决拒绝。我国的宪法和《治安管理条例》明确规定："走私、贩卖、运输、制造鸦片、海洛因、吗啡或其他毒品是犯罪行为，要给予严厉的法律制裁。"我们中学生是未成年人，是祖国的未来，我们怎能干犯法的事呢？我们还应看到贩卖毒品不仅害人害己、而且害国害民。作为中国人能忘记1840年的鸦片战争吗？这次战争的结果是满清政府屈膝求和签订了丧权辱国的《南京条约》，把香港岛割让给英国成了殖民地，西方殖民者打开了中国的大门，中国从此沦为半殖民地半封建社会，人民陷于水深火热之中。这次战争的直接原因就是鸦片。

吸毒、贩毒是极丑恶的行为，是对国家和民族的犯罪。为此，国家对贩毒者要予以严厉的法律制裁。不仅贩卖毒品构成犯罪，就是非法持有毒品（随身携带、放在家中或其他能任意支配的地方）都构成犯罪。

作为中小学生，我们绝不能参与贩卖毒品有关的活动。

我们不仅自己不能贩卖毒品，而且，一旦发现有人贩卖毒品，即使是自己的亲友，也应立即向公安部门报告，协助公安部门将贩毒、吸毒分子缉拿归案，绝不能碍于情面包庇贩毒、吸毒分子，为他们作假证，更不能帮助他们隐匿、毁灭罪证，掩盖罪行、逃避法律的制裁。要知道，这也是犯法的，也会受到法律的制裁。

如果我们检举揭发了贩毒分子，自己的人身安全没有保障时，应提请公安部门或学校领导、老师、同学加以保护。

与"黄色"绝缘

学生涉世不深，社会经验不多，如果交友不慎，很容易"近墨者黑"，使自己参与到一些不道德甚至违法的活动当中。假如经常有朋友拉你一起去看黄色录像，那你应该怎么办呢？你一定要深刻认识到这样做的危害性，并且坚决拒绝。这就要求我们平时必须：

一、要坚决拒绝

黄色录像片是麻醉剂、腐蚀剂，对于涉世未深、经验不足的学生来讲，我们首先要有坚强的意志，不为任何引诱所动。如果有人拉你去看黄片，你要严词拒绝。如果是同学拉你去看，你不但不能去，还应拿《中学生日常行为规范》、《守则》来劝阻他们。《中学生日常行为规范》第五条规定："不看宣传色情、凶杀、迷信的坏书刊、录像，不听不唱不健康歌曲。"你还可以用你了解的因看黄色录像片导致堕落犯罪的事实说服、警告他们，阻止他们去看。如果劝阻无效，就要想办法报告公安部门或老师，以免这些人堕入深渊，危害社会。

二、要深刻地认识其危害性

有人常常这样想：我就看这么一次，不会受毒害，没有什么不好。这是天真的想法。事实上，由于这些录像片中充满了不堪入目的暴露或恐怖镜头，有极大的刺激性，有些涉世未深、经验不足的未成年人因好奇心的驱使，偶尔看了一次淫秽录像，便越陷越深，欲罢不能，致使精神萎靡、心理扭曲，进而走向犯罪的深渊。四川某县一位中学生偶然在家中发现并看了淫秽录像，便越看越想看，像吸毒一样上了瘾。每当夜晚一闭眼睛，脑海里总是闪现出一幕幕黄色录像中的强暴淫乱的场面；每当遇到女同学时，心里总有一种莫名的骚动和难以抑制的冲动……就这样，他最终走向了犯罪的道路。

三、要慎重交友

俗话说："近朱者赤，近墨者黑。"作为学生，由于少不更事，还不成熟，在交友时要倍加小心，切不可糊里糊涂地随意跟一些不明底细的人交往。康德说："要评判美，就要有一个有修养的心灵。"作为未成年人，我们要提高自身素质和自我保护能力，要多读古今中外的名著，多看中外优秀的影视作品，多读内容健康的书刊，多参加学校或社会组织的有益的活动，提高自己判断是非、识别香花毒草的能力，对黄色书刊、录像等应避而远之，像躲避瘟疫那样避开它。

四、悬崖勒马

一旦发现自己很乐意看黄色录像片，别人一拉就跟着去看时，必须悬崖勒马，痛下决心，坚决割断与这些人联系或请求父母、亲友、老师帮助你摆脱困扰。与此同时，取而代之以健康有益的娱乐活动，使自己回到正确的道路上来。为了使别人不再受害，应把你受害的情况向公安部门报告，帮助公安部门彻底摧毁卖黄色音像制品的窝点。

黄色书刊、录像中所宣扬的往往是一种淫秽、变态的性观念和性行为。它针对人们对一些问题的无知和好奇，大肆渲染和过分夸张了某些正常人的行为和情景，让人不知不觉地受到伤害。在一定程度上，黄色书刊、录像对人的影响类似于毒品对人的侵害。一些成年人因为自控力的强大偶尔接近它可能不会受影响，但缺乏控制力的未成年最好远远避开它。

伴随着性生理的发育成熟，中学生对性的问题充满着好奇和疑惑。然而不幸的是，一些学校和家庭对此却讳莫如深，闭口不谈，这无形中又进一步强化了中学生对性问题的好奇心，给有关性的问题罩上了一层神秘的面纱。强烈的求知欲望使他们对性问题极为敏感，他们会通过各种途径，如从书刊、影视、秘文传说中去找答案。黄色书刊、录像在一定程度上正迎合了同学们的这种需求，而恰恰它们对学生的危害极大。

许多误入歧途的中学生最初也只是出于好奇，抑或是在无意间有所接触。起初有很多人也是自认为完全有抵抗力的，结果一旦接触便不能自拔。黄色污染的刺激，常常使中学生的性冲动被不正常地激发起来，并产生想模仿和尝试的愿望。整日沉湎于性的想象之中，经常为原始的性欲所左右，致使精神萎靡，无心学习。人在缺乏对一些东西的抵抗力的时候，是很容易退化为动物的。其结果呢，轻者影响学业，重者走上性犯罪的道路。那么，如果已经偷看了黄色书刊、录像，该怎么办呢？

一、要认识到偷看黄色书刊、录像的危害

黄色书刊、录像是一种精神毒品，是人们灵魂的腐朽剂，它会使青少年精神恍惚，萎靡不振，荒废学业，甚至堕落到违法犯罪的地步。

二、积极检举揭发黄色音像制品的来源

我国《治安管理处罚条例》第三十二条规定："制造、复制、出售、出租或传播淫书、淫画、淫秽录像带或其他淫秽物品的，依情节轻重处15日以下拘留、依法劳动教养，构成犯罪的依法追究刑事责任。"《未成年人保护法》第四章第二十五条也明文规定："严禁任何组织和个人向未成年人出售、出租或以其他方式传播淫秽、暴力、凶杀、恐怖等毒害未成年人的图书、报刊、音像制品。"我们应从国家和人民的利益出发，向派出所、公安局检举、揭发，为扫黄打非、净化社会文化环境贡献自己的力量。切不可因贪图小利而为之；也不可因碍于情面而姑息，听之任之，熟视无睹；更不可以为自己不干就行，别人我管不着，以为自己揭发了，陷人于囹圄，于心不忍。要知道，对不法分子的容忍和同情就是对国家和人民的利益的损害，就是对国家和人民的犯罪，即使是我们的父母、亲友，我们也不能掩护、支持甚至包庇他们，否则是对国家、对人民不负责任的表现。

三、培养文明健康的兴趣和爱好

《中学生日常行为规范》第五条规定："不看宣传色情、凶杀、迷信的坏书刊、录像，不听、不唱不健康歌曲。"中学生应该自觉遵守行为规范，自觉抵制社会上一切不正之风的影响。同时要加强对时事政治的关心，认真学习一些政治理论知识，多看好书、好电影、好电视，不断提高自己判断是非、识别香花毒草的能力和文艺鉴赏水平，不断提高自我约束能力和抵制不良影响的能力。而一旦一时糊涂，参与了阅读黄色读物的活动，也应及早觉悟，知错改错，悔过自新，切不可原谅自己，使自己越陷越深。

杜绝说有关性的脏话

中学生随着性意识的萌动，对性充满了神秘感，有一些模糊认识。有些同学常喜欢说一些有关性的脏话，有时候甚至不堪入耳，遭到了同学们的反感。自己也知道这样不对，但又

一时改不掉这样的习惯,自己也感到苦恼。怎样才能改掉这种习惯呢?

一、要对性有一个正确的认识,去掉其神秘的面纱,还其本来面目。性是人类异性之间相爱的物质基础,性爱是人类繁衍后代的需要。性,并不是邪恶的,建立在感情与道德上的性爱是高尚的。作为一名中学生,要树立有关性的正确认识,可以适当地看一些有关性方面的书籍,这样就可以逐渐减少对性的神秘感。

二、要加强对《中学生日常行为规范》的学习。讲文明、讲礼貌,养成良好的语言习惯。习惯成自然,一旦养成习惯,那讲脏话的毛病就会得到逐步纠正。但要养成良好的习惯并非易事,通过对《中学生日常行为规范》的学习,让自己知道哪些话我们可以讲,哪些话我们不可讲。在每次讲话之前,要先动脑筋想一想,自己所讲的话是不是符合《中学生日常行为规范》的要求,思考后再把话讲出来。

三、为自己确立一个讲话方面的榜样,跟在后面学。中学生朋友一方面自控能力不强,另一方面模仿能力又很强。为自己确立的榜样,可以是自己的老师,可以是一位长辈,也可以是这方面表现出色的同学。自己跟在榜样的后面学习,久而久之,就会受到潜移默化的影响,促使自己养成良好的语言习惯。同时还可以请自己的榜样监督自己,当自己说话一犯老毛病的时候,就由他来提醒自己,这样也是一种有力的约束。

四、要避免或减少与说话不文明的人交往。如果是自己的父母,你可以诚恳地向他们提出意见,但说话要婉转,否则父母受不了,就不易接受。如果父母态度粗暴,根本不接受你的意见,那你就用行动来影响他们、感化他们。只要坚持,就肯定会有效。而那些说话不文明的邻居或朋友,你尽量避开或少接触。如果你觉得这些人本质很好而不愿意疏远他们,你也可以向他们提出意见,帮助他们改掉这毛病。不过说话也要注意方式方法,教训人是不行的,只要你心诚,就一定能收到好的效果。

五、多看些优秀读物,尤其是伟人传记、名人名言一类的书籍,用伟人的崇高思想和言论武装自己的头脑,提高自己言谈的境界,还可把符合自己特点的优秀人物的名言抄成卡片放在写字台、文具盒、作业本扉页处,以当作座右铭,时时提醒自己。

六、要真正认识到讲粗话不仅是对别人的不尊重,也是对自己的不尊重。时间长了以后,同性同学会看不起你,异性同学会回避你,渐渐使自己处于孤立境地。因此,要学会自尊自爱,不仅要下决心改正讲脏话的习惯,还要有恒心、有信心地坚持下去。

总之,只要我们下定决心改掉这

个坏习惯，又愿意为这个决定付出持久的努力，并且注意结合自身，用适当的方法，就一定能克服困难，最终改掉这个坏习惯。

避免出入舞厅、酒吧

我国《未成年人保护法》第二十三条规定："营业性舞厅等不适宜未成年人活动的场所，有关主管部门和经营者应当采取措施，不得允许未成年人进入。"《中学生日常行为规范》第六条规定："不进营业性舞厅、酒吧和音乐茶座。"因此，你进舞厅、酒吧是不合适的，违反了《中学生行为规范》，你应提高认识、自我约束，下决心不再上舞厅、酒吧。

营业性舞厅、酒吧都是些高消费的文化娱乐场所。中学生在经济上还不能自立，没有充足的经济来源，到这些地方娱乐，中学生是难以承受的。如果靠社会上的人支付，肯定不会是"无偿"的。有的人为了满足自己的这种奢欲，千方百计去弄钱，甚至去偷、去抢、去骗，或是出卖自己的肉体，干出违法乱纪、伤天害理的事来，其后果是不堪设想的。我们中学生能这样做吗？

再说，这些娱乐场所虽然有不少是通过健康文明的娱乐活动以丰富人们的业余生活的，在促进精神文明建设方面起了一定的积极作用，但也不能否认，有一些地方已经或正在成为社会罪恶的渊薮。从表面上看，这里环境优雅、音乐动听、灯光闪烁，人们衣着华丽、举止文雅，一副绅士、淑女派头；而实际上，有的却是好逸恶劳、贪财好色的不法之徒。一些经营者唯利是图，通过"三陪"等色情服务项目以牟取暴利，却不管违法、犯法。我们这些涉世未深的中学生倘若涉足这些场所，就很容易上当受骗，甚至失足堕落。

另外，有一些学生因为家庭有困难或者为了赚取零花钱而在这些场所打工。从感情上来说，这种行为是可以接受的，但作为一名学生必须要知道，长期在这样的环境下成长，难免会受到负面的影响，变得或唯利是图，或好逸恶劳等，更有甚者可能会做出违法的事情来。

青少年时期正是我们学知识、长身体的最好时期，宛如含苞待放的花蕾或刚刚盛开的鲜花，世界因有了我们而生机勃勃，我们没有理由不珍惜自己的青春年华。我们要利用这大好年华，努力学习，充分发挥自己的聪明才智，掌握更多的知识和技能，刻苦磨炼自己的意志，树立起崇高的理想，陶冶高尚的情操，使自己成为名副其实的、跨世纪的人才，将来为祖国的现代化事业建功立业，而绝不能泡在舞厅、酒吧里浪费生命，虚度青春。须知："少壮不努力，老大徒伤悲。"空耗青春是世界上最大的浪费，是最没出息、最可耻的表现。

断然不做"三陪"

如果有人引诱你当"三陪"女，你必须断然拒绝。为什么呢？所谓"三陪"就是一些舞榭歌台、宾馆、饭店为招徕顾客而非法雇靓女陪唱、陪喝、陪舞。但这只是表面现象，实际上，只要付"小费"，"陪"什么都可以，搞的是钱色交易，"三陪"成了卖淫、嫖娼等色情活动的代名词。它不仅腐蚀了人们的思想，毒害了青少年的心灵，贬损了人格，侵犯了女性最根本的人身权利；而且败坏了社会风气、破坏了社会主义精神文明建设、危害社会治安，是社会罪恶的渊薮。

我国政府规定，色情服务是违法行为，要予以严厉打击，既打击从事者，又打击组织、支持、藏匿从事者的经营者，一经发现，严惩不贷。我们中学生应自重自爱，绝不能从事"三陪"、以身试法，最终毁了自己，危害社会。我们还应正告那些引诱你的人，我国《刑法》第二十八条规定："教唆不满18岁的人犯罪的，应当从重处罚。"《未成年人保护法》第五十八条也规定："引诱，教唆或者强迫未成年人吸食毒品或卖淫的，依法从重处罚。"

如果有人以金钱引诱你，或以"友谊"来胁迫你，你要提高警惕，严防上当。我们应树立正确的道德观和人生观，什么"金钱至上"、"人生的最高目的就是吃喝玩乐"等，都是腐朽的资产阶级的思想。我们应该懂得，在一切价值序列中，人格的价值是最高的。当"三陪"女郎，搞色情服务，虽得到了一些金钱，却拍卖了自己做人的尊严，贬损了自己的人格。俗话说："自重者人重，人轻者由于己轻。"如果你甘于堕落，不但要为自己的人生付出惨痛的代价，为人们所不耻，而且还必须承担危害社会的责任。我们绝不能糊涂地因小失大，一失足成千古恨。至于说"友谊"，那要看你要的是什么"友谊"了。"卑鄙与狡诈的开始，就是友谊的终结"、"友谊要用真理来巩固"。这些有益的格言告诉我们，引诱你当"三陪"女郎的人，绝不是你的好朋友、真朋友，跟这样的人没什么"友谊"可讲，你要断然拒绝与他们的任何来往！

如果你一时糊涂或出于好奇去当了"三陪"女郎，又知道自己错了，就应悬崖勒马，知错改错，并将有关情况如实告诉家长或老师、亲友，以取得他们的谅解和帮助，还应将经营单位和经营者的情况报告公安部门，以便及时查处。不能因要面子而不好意思告诉别人，不要妄想自己偷偷地改。因为事实告诉我们，这样做是难以奏效的。当你犹豫之际，罪恶的手又会把你拉回深渊，你就会越陷越深而不能自拔。我们更不能有破罐子破摔的想法，不要轻易地毁了自己的一生，那样你会追悔莫及的。

克服占小便宜的不良欲望

我们人的欲望是当然存在的，有很多欲望是正当的、合理的，无可非议的；但是也有一些不良欲望，可能存在于我们的头脑中，某些时候还表现在行动上，爱占小便宜就是表现较多的一种，这就是不应该有的欲望了。

贪图小便宜，在心理上说是具有较为强烈的占有欲望，它可能一开始很小，但通过一次次满足有可能不断膨胀，直至造成严重后果。因此希望有此不良欲望的同学能及早克服。怎样去做才能较好地达到这一目的呢？

一、从思想上充分意识到爱占小便宜会带来的后果，以思想的重视指导行动的戒除是最根本的。爱占小便宜虽一时得利，但你显然可以知道它可能被别人发现而大大损害了你所珍视的自身形象；会使别人因跟你在一起总吃亏而警觉你、疏远你，使你面临丧失友谊的危险；贪图小便宜的欲望只是在得逞的那一刻才有满足感，过后又陷于不满足、想进一步贪占的恶性循环之中，自我不得自由；最后，要清醒地认识到爱占小便宜不但不可能促使一个人树立大志、有所作为，相反很可能不断发展导致犯罪，贻害自身。真可谓"贪小便宜吃大亏"，看清这些，经常提醒自己会有助于我们克服这一不良欲望的。

二、每当遇到可能占小便宜或自己的这一想法刚出现的时候，要果断地抢在做出行动之前脱离与刺激的联系，或转身立即为自己正常取得（如买来）与刺激物相同的东西。这时，可以告诫自己"小时偷针，长大偷金"、"不要拿别人当阿斗"、"快，拔腿就走，××事在等着你做呢"；如果正常拥有了原想贪占的物品，则可以心安理得地正面暗示自己"这可是我买来的，用起来理所当然，也不怕给别人看见，要不然，恐怕现在心慌脸红、良心不安吧。拥有应当属于自己的东西感觉真好"。也可因自己未占小便宜而给自己某种形式的自我奖励。

三、对于有轻微爱占小便宜欲望的人和初次占了别人小便宜的人来讲，有效的措施便是果断地甩掉那点小便宜，不把它据为己有。这是因为，此种毛病对于一个正常的人来讲，本身就有一种道德上、心理上的被谴责感。据调查，当一个人初次占别人的便宜时，往往是在贪图欲望与道德廉耻矛盾的心理状态下进行的，往往在进行过程中有脸红、心跳、紧张等状态。这时，心灵的道德标准与贪求欲望作激烈斗争。即使是占了别人的小便宜，他的良心也往往是不安的，心境是不平静的。此时，如果果断地、自觉地抛弃得到的小便宜，自信心和正义感就会起主导作用，并在心灵深处注射了"防疫针"。同时，由于小便宜未得到，那种不良的欲望也受到了抑制，并且由于对自己产生那样的念头和行为而感到内疚，以致产生道德上、心灵上的终身"免疫"。

四、对于已有爱占别人小便宜积习的人来讲，虽然根治它难度要大些，但也可采取以上办法予以根治，同时，还应有更有力的措施。对于有爱占别人小便宜积习的人，一个很好的手段就是主动地、诚恳地交结一位正直的朋友，把你的坏毛病及想改掉它的想法告诉他，请他来监督你、帮助你，并且要坚决听从这位朋友的劝阻。每发生一次占别人小便宜的事，就要立即告诉这位朋友，甘愿接受朋友的批评及处置意见。"近朱者赤"，经过一段时间，毛病慢慢就改掉了。

五、除了主观上的努力外，开展批评、自我批评，建立同学间相互帮助的氛围也十分重要。对爱占小便宜的不良习气给予批评，进行公众舆论的谴责，这种恶习就会丧失活动的市场。同时，当人们都能以互助互利的原则相处时，为社会贡献、为朋友帮忙就会成为一种美德，受到人们的称赞。

六、对别人的物品要有明确的界限。爱占小便宜成了习惯的人，其贪图欲望往往产生在对别人物品等的喜好上，并且往往把别人的东西看成是自己的东西。因此，有这样积习的人如果能常常对不属于自己的物品画一条警戒线，即便是别人的一针一线也明确"这不是我的，我不可以用任何不道德的手段据为己有"。只要长期这样坚持下去，就会取得很好的效果。

七、可促使自己积极去做一些乐于助人、为他人、为社会奉献的好事。实践证明，当你为他人付出、因你的行为使他人获得好处时，不管受到别人的称赞与否，本人的感受是非常好的、很愉悦的。将这种感受与某次占小便宜后的感受对照，能起到正面引导的作用。

避免虚荣和炫耀

每当我们取得某些成绩或成功，受到表扬和奖励的时候，心里总是非常地高兴，从心里产生出荣誉感来。但是，荣誉是人们对取得成绩、取得成功者的一种奖励，因此，它需要人们努力去创造，才能获得。如果我们只沉湎于荣誉中甚至不惜损害他人，不择手段地把别人的荣誉窃为己有，到处去炫耀，那就不是我们所说的荣誉感了，而是贪慕虚荣了。好虚荣、爱炫耀对自己不但无利，反而有害。怎样改掉这种毛病呢？

一、正确对待荣誉

荣誉固然令人羡慕，但是它是建立在辛勤劳动的基础上的，只有不畏艰苦、努力奋斗的人，才能得到。要想取得荣誉，必须要有一番辛苦，不劳而获是不行的。荣誉是给予成功者的一种奖励，是他人对自己成绩的评价，它不是自诩的。自吹自擂，自己给自己戴高帽子，到处炫耀，是毫无意义的。荣誉是对你已经取得的成绩的一种评价，它只属于过去，并不代表你的未来，将来你是否还能取得成功，是否还能继续进步，完全取决于你今后的努力和奋斗。希望自己不断进步的人，总是把荣誉作为自己继续前进的动力，作为新的征程的起点，鼓励和鞭策自己一如既往，继续前进。而把荣誉作为炫耀的资本，贪慕一时虚荣的人，是不可能正确对待荣誉，并把荣誉作为前进动力的。

二、要谦虚谨慎、戒骄戒躁

毛泽东同志说过："谦虚使人进步，骄傲使人落后。"在荣誉面前，我们要格外地谨慎和冷静，因为取得了一定的荣誉，并不等于自己就没有了不足之处，更不能说明将来不犯错误。况且，你得到荣誉时，会有很多双眼睛注视着你，他们在羡慕你的同时，还会与你竞争，你的压力也就大了。因此，你对自己更要严格要求，不可骄傲自满。

另外，个人取得的成功，除了自己的努力外，往往离不开他人和集体的帮助。例如，一名运动员获得奖牌，一名学生考上大学，其中有很多教员、老师、同学、家长以及其他社会力量的帮助。因此，荣誉并不能完全归于自己，仅仅归于自己是十分错误的。

三、莫把荣誉看得太重

现实生活中，有的人默默无闻地在自己的工作岗位上像老黄牛一样耕耘着，视名利淡如水，看事业重如山；有的人却是名利思想严重，得到了得意洋洋，得不到便心灰意冷；还有的人为了名利而不择手段，以致让人鄙视。我们要淡泊名利，脚踏实地地去学习、工作。淡泊不是不思进取，不是无所作为，不是没有追求，而是以一种纯净的灵魂对待生活与人生的欲望和诱惑。

杜绝偷窃行为

青少年偷窃行为的产生有几个主要原因。心理因素则包括：当青少年不能拥有同侪（同侪指与自己在年龄、地位、兴趣等等方面相近的平辈）或其他人所拥有的东西时，就会使用"不告而取"的方式，设法取得他想拥有的东西；当青少年得不到父母、师长的爱，经常遭到拒绝，就可能偷窃，企图补偿因得不到爱而受到的伤害；青少年为了得到同侪的承认，或反应同侪的压力，常会以偷窃方式取得财物与同侪分享；行为受享乐原则的支配，凡事都想不劳而获，容易受物质的引诱，如果加上侥幸的心理，就会采取偷窃的方式，以供自己享乐；不正常的情绪发泄，偷窃不是因为个人所需或金钱价值，也非表达愤怒或报复，而是一种强迫性行为，从偷窃中获得快感。

除了上述心理因素外，环境因素亦助长了偷窃行为的发生。

一、家庭因素

父母忙于生计，无暇照顾子女，促使子女对社会负面文化的认同，形成反社会行为；父母过于放任，对子女偷窃行为纵容，使子女逐渐养成从事偏差行为而觉得无所谓的态度；父母过于严苛，过度管制零用钱，使子女无法满足物质欲望而起盗心，或者子女在遗失财物时，为了免受责罚，而去偷窃他人财物以顶替；父母本身就从事偷窃等不正当行业，子女从小耳濡目染，根本不觉得偷窃是不正当的行为。

二、社会因素

社会急功近利，政治生态畸形发展，社会风气不良，误导了青少年的道德价值判断；大众传播媒体过于翔实地描写盗窃行为，无形中传授了偷窃技巧；传统守望相助精神荡然无存，给予偷窃可行机会；正当的休闲场所太少，而不正当场所的诱惑太多，意志不坚的青少年沉沦于其中而步上偷盗犯罪之途；青少年处于都市之较贫穷低下地区，受到低社会阶层青少年次文化的熏染，养成强悍、粗鲁、聪明、狡猾、宿命的性格，反抗法律规章，借偷窃追求刺激。

偷窃行为是违反法纪的，是涉及一个人道德品质的大问题。极少数有了偷窃行为的学生应该怎么办呢？

一、不能自暴自弃

有的同学偶尔有了偷窃行为，被他人发现后，就觉得自己在别人的心目中永远是个"小偷"，感到自己在他人面前抬不起头来。应该说，认识到自己的错误是件好事情，但也不能因此就总觉得低人一等，甚至干脆不去上学，与社会上的一些不法分子混在一起。其实，一个人犯错误只要能勇于改正，其他人都会给予谅解和赞赏的。

二、分析原因，努力改正

要通过自己的努力，深刻了解盗窃行为的危害性，克服促成自己盗窃行为的因素。必要时可寻求老师、家长或其他人的支持和帮助。

三、要增强法制观念

偷窃行为是对自己、对他人、对社会都不利的。许多犯罪分子都是从学生时代就开始小偷小摸，由于没有及时加以纠正，胆子越来越大，最后终于锒铛入狱。因此，有偷窃行为的同学不能抱着无所谓的态度，认为反正没有被人发现或者又没有触犯法律，这种想法是错误的，你一定要悬崖勒马，不能任其发展下去。

四、要杜绝与社会上的不法分子交往

社会上的一些不法分子以偷窃谋生，以偷盗技巧"高超"为荣。如果学生与他们混迹在一起，就会是非不分、良莠不清，最终可能走上犯罪道路。正确的做法是，我们应该主动地向父母或老师坦白自己的不良行为，请求他们帮助、监督自己纠正不良行为。

避免对人"恶作剧"

团结友爱是一种美德，同学之间应该团结友爱。这通常表现在同学之间相互关心、相互谅解、相互帮助和相互促进等方面，正如周恩来总理所提出的"互敬、互爱、互学、互助、互让、互谅、互慰、互勉"。它有助于同学们彼此间切磋琢磨、取长补短、共同进步。但是，有的同学总是喜欢在同学中搞"恶作剧"，这严重破坏了同学间的团结友爱。

所谓"恶作剧"，是指戏弄人的、使人难堪的行动。像在别人背后贴纸条、贴漫画；上课回答问题故意怪腔怪调；别人站起回答问题时，他悄悄抽掉别人的板凳，使别人坐下时跌落在地等。这些都是损人不利己的"恶作剧"行为。那么怎样改掉这些坏习惯呢？

一、要提高自己的素质和修养。马克思说："你希望别人怎样对待自己，你就应该怎样对待别人。"这不仅教我们怎样去做，而且教我们以怎样的思想、态度去做。在同学中搞"恶作剧"，就是不尊重别人，没有道德修养的表现。要想别人尊重你，首先你要尊重别人。试想，如果你被别人"恶作剧"了，你会是怎样的一种心情呢？

二、我们每个学生都生活在班集体之中，良好的班集体有助于个人的成长。每一个有作为、有修养的学生，总是力求在自己周围营造友好的气氛，以主人翁的精神关心班集体，关心每一个成员，团结友爱，积极为集体做好事；而不能以"恶作剧"的形式来达到自我刺激、自我满足的目的。

三、意识到自己有"恶作剧"的习惯，就一定要下决心改。当然，要改掉这种不良习惯，光有决心还没

有用,得必须有恒心和毅力。同学之间相处时,一旦发现自己有做得不好的地方,就要及时地、真诚地向别人道歉,以取得别人的谅解。

"恶作剧"反映了一种不健康的表现欲,既损人又不利己,以满足行为人个人乐趣为目的,其他观看者或被恶作剧的人不一定也会觉得有趣,而且往往适得其反地令人憎恶。这种恶作剧有时已经达到了欺凌或犯罪的程度,可能会面临始料未及的严重后果。我们应该要把这种表现欲通过正常的方式表现出来,想办法用到为班级、为同学服务的活动中去,这样不仅满足了自己的表现欲望,又对集体有利。

不乱扔废物、乱吐痰

有的同学常会在公共场所乱扔废物、乱吐痰。老师和家长对其多次进行教育,可他就是改不掉。你要说他是故意的吧,他乱丢乱吐时根本就没意识到。你说他无意的吧,他一而再,再而三,实在令人生气。这叫习惯成自然!不过,这可不是什么好习惯。一个整洁优美的环境是要靠大家维护的,环境的优美与恶劣对于人的心理有着极大影响。随便乱扔乱吐,实在是一种可恶行为。养成这种坏习惯,究其原因,主要是自身素质差,自小没受到良好的教育,因而没能形成良好的习惯。既然是坏习惯,就一定要下决心改。那么,如何改掉这种坏习惯呢?

首先要提高自身素质,培养文明习惯。在公共场所乱扔废物、乱吐痰,是一种极不文明的行为。从你自身来讲,是一种缺乏教养的表现。试想:一个外表再美的人,在公共场所乱扔乱吐,你会认为他有教养吗?公共场所的环境卫生,一方面需要清洁工人清扫,另一方面要靠大家自觉保护。清洁工人不可能一天12小时都不停地清扫,如果大家都养成好习惯,尊重清洁工人的劳动,我们的公共环境卫生还会差吗?公共环境卫生的好坏,反映一个国家的文明程度。只要你能认识到这几点,就不怕改不掉这个坏习惯。

其次出门要做好准备工作。在门前,检查一下手帕、纸巾是否带上了。要吐痰,拿出备好的纸巾;要外出旅游,需要在公共场所用餐,拿出备好的塑料袋,将瓜皮果壳扔在塑料袋里,路上遇到垃圾筒,随手扔进去,没有垃圾筒,就把脏物带回,扔在门口垃圾箱里。开始你可能不习惯,坚持几次或十几次,你就非常习惯了。以后叫你随地吐痰、随地乱扔废物,你就会吐不出口、扔不下手,自觉维护公共环境卫生。

避免浪费食物

一些学生寄宿在学校里,常有随

手扔掉吃剩的食物的坏习惯。有时候甚至拿这些食物当"武器"相互射击,并认为这些东西是自己花钱买的,扔掉与别人无关,或是觉得吃剩下的食物随手扔掉显得潇洒大方,若是收起来带走,有点"小家子气"。对此,同学们不妨采取以下方法:

一、亲自体会一下"锄禾日当午"的滋味,领略一番劳动的艰辛。然而不能浅尝辄止,不但"锄禾"坚持到"日当午",而且要挨到又渴又饿。此时呈上"盘中餐",则不需任何人教诲,自然会连掉落在餐桌上的饭粒都一一拣吃干净。这就是教育家们所说的磨难教育,这样的教育效果是最强的。

然而,生长在大都市的同学不一定人人都有身体力行"锄禾口当午"的机会,不过"饥荒"这个词总该听说过吧?同学们要不忘祖训,居安思危。全世界每年都有数百万人忍受饥饿,因饥饿而死者数以万计。

二、"吃不了兜着走"。有的同学扔掉吃剩下的食物是为了不让人说小气,甚至玩"潇洒"。其实,无论国内的大款还是西方或港台的富翁,他们都不在餐桌上玩吃的"潇洒",吃不了打包带走。而我们分文不挣的学生更加没有资格玩食物的游戏、玩食物的潇洒。

三、"吃多少,买多少"。同学们若用餐时胃口不大,购买食物应当量"用"而"购",不要仍像往常一样没有数量的变化。若对某个品种不感兴趣,也应少购或者不购,以免购多了不好处理。当然,这也涉及了同学们寄宿在学校时饮食方法和生活费的使用问题。

四、如果是食物本身质量问题而不能食用,那也应该放置到食堂专用的堆积吃剩食物的容器中,不可随意抛弃,这会影响环境卫生,既害己又害人。

正确对待来路不明的物品

同学之间、朋友之间建立友谊,结为知心,除了通过语言上交流情感以外,往往赠予一些物品作为纪念,以示友谊的长存。但是,如果别人送给你的物品来路不明,怎么办?

一、在收到物品,又不知其来路时,不要直截了当地问其来路如何,如果别人是通过正常渠道(如购买、跟家长要或是别人送给他的)得到的物品,诚心赠送给你却受到你的质疑,肯定会伤害他的自尊心,从而导致你们之间的友谊受到破坏。正确的方法是婉转地探问物品的来历,可以在赞美物品的基础上从价格、何处购买等方面探问。例如,别人送你一件精致工艺品,你拿到后首先应该表示感谢且惊讶,然后说:"这样精致的东西肯定花不少钱吧?在哪里买的?"通过察言观色来判断物品来路

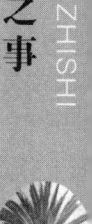

是否正当。

二、来路不明的物品大致分为两种，即捡到的和偷窃、抢劫来的，那么，怎样处理这两种情况呢？

1. 对于捡到的物品，首先要说服别人，帮助他提高思想觉悟，说明拾金不昧是每个中学生应具有的道德品质，如果把捡到的东西占为己也只能说明你思想素质不高，良心也会受到谴责的。多次耐心地说服他把捡到的物品上缴给有关部门，同时请他们帮助寻找失主，这样做既帮助了朋友，维护了你们间正常的友谊关系，当然也由于你的诚恳的态度而给别人下了台阶，受到教育，又能使别人领略人间的真情。

2. 对于偷窃或抢劫来的物品，要旗帜鲜明地表示坚持不能接受，因为这是利用犯罪的手段得来的，是触犯法律的。如果你接受了这些非法得来的物品同样也触犯了法律，严重的还要负刑事责任。这样既害了别人也害了自己，要对他说，纸是包不住火的。对于价值不大的物品，应劝其主动还给物主，并要主动承认错误，赢得物主的谅解。对于价值较大或具有机密性的物品，除主动归还外，还应该主动投案自首，向公安机关坦白交代，求得法律的宽大处理，这样做既能挽救别人，体现出你的诚心和高尚的品德，又能更好地巩固朋友之间真诚的友谊。

总之，朋友的情要领，但道德也要维护。在收到来路不明的东西时，一定要弄清楚来路，否则很可能因为一时不慎而陷入困境。

不做违反纪律的事

我们生活在这个社会，一切都要遵循着纪律的原则。纪律是在一定条件下形成的、一种集体成员必须遵守的规章、条例的总和，是要求人们在集体生活中遵守秩序、执行命令和履行职责的一种行为规则。纪律具有社会性、历史性、阶级性和强制性的特点。自由和纪律既是对立的，又是统一的。试想如果每个人都随心所欲、为所欲为，那么学习环境、生活环境就失去了正常的秩序。当然，这是所有人都不愿意看到的。

学生在学校里受过多方面的教育，一般说来，每位同学都有一定的辨别是非的能力。当有人要你做违反纪律的事时，应该这样做：

一、自己要保持清醒的头脑

凡是违反校规校纪、违反《中学生日常行为规范》甚至违法的事，自己坚决不做。人是生活在纪律里的，守纪律，无论做什么都有成功的可能；不守纪律或全没纪律，就必然要遭到损失或失败。况且，一旦我们做出违反校规校纪甚至违法的事，是要负责任的，所以我们坚决不能做违反纪律的事。

二、要坚持原则

如果当有人要你做一件违反纪律的事时，假如你考虑到朋友的情面，怕得罪对方，违心地做了违反纪律的事，结果受到老师或有关部门的批评甚至处分，那对自己来讲，对于个人的荣誉和名声都是很大的损失，老师和同学对你的信任也就会大打折扣。而你如果坚持原则不做违反纪律的事，不仅不会使自己的名誉受损害，而且，你将更加赢得老师和同学对你的信任。

三、劝阻别人不要做违反纪律的事

别人要你做违反纪律的事，你不仅不要去做而且要努力劝阻他人也不要去做违反纪律的事。也许开始别人不理解你，但最终是会理解你的。那时，他会因为你坚持正义而格外敬佩你。由于你劝阻他人不做违反纪律的事，你必然也会受到老师和同学的由衷赞扬。当然，由于你坚持原则，可能会一时遭到别人的疏远。但这是暂时的，随着时间的推移，别人会对你逐步地了解。

总之，当有人怂恿你做一些违反纪律的事时，你一定要保持清醒的头脑，不能因一时糊涂而违反纪律，还要坚持正义，极力劝阻别人，避免他们做出违反纪律的事。

预防和纠正犯罪心理

中学生正处于青少年时期，无论是生理上还是心理上都不够成熟，感情易于冲动，缺乏一定的理智性。有的同学遇到一些特殊情况后，较容易产生走向极端的犯罪心理，如果不加以预防和纠正，便可能导致犯罪行为。那么，怎样才能预防和纠正可能产生的犯罪心理呢？

一、要认识导致犯罪心理产生的因素。通常导致中学生朋友产生犯罪心理的因素主要有这样几个：报复心、占有欲、嫉妒心、虚荣心和好奇心等。这些消极心理都容易使青少年失去理智，走上犯罪的道路。例如，报复心由于冲动能导致青少年采取较为极端的攻击性行为，造成人身伤害或财产损失；占有欲膨胀后会使青少年不择手段地去获取别人的财物；嫉妒心和虚荣心会使青少年为了"自尊"而与他人发生对抗行为甚至造成伤害事故；好奇心则有可能使青少年去不恰当地冒险，从而可能导致犯罪行为。

二、在弄清容易导致自己产生犯罪心理的因素是什么以后，要认真阅读一些有关法律法规方面的书籍，了解法律知识，自觉用法律条文约束自己的行为。假如自己属于占有欲较强一类的，那么通过学习法律，使自己知道通过不正当手段获取他人、社会财物对自己及对他人的危害，以及将会受到的惩罚，使自己及早止步；如果自己是报复性较强一类的，那就应当多同自己的要好朋友、家长或老师交谈，使自己内心的抑郁、冲动或不平得以缓解、宣泄，并取得朋友、家长与老师的帮助。而嫉妒和虚荣心理过强的同学应多交朋友、多读书，以拓宽自己的视野。这样就可以了解"天外有天，人外有人"这一道理，不仅看到别人比自己强的地方，也要善于通过比较，了解自己也有比别人强的地方，真正懂得人"各有所长、各有所短"，也许自己的长处正令他人所羡慕呢！我们实在没有必要去嫉妒别人，倒是应该学会互相取长补短，使自己得到更大发展。

三、多结交一些正直、善良的朋友，杜绝与社会上的不法分子交往。俗话说："近朱者赤，近墨者黑。"如果同学们经常与那些正直、善良的朋友交往，就会潜移默化地受到他们的正面影响，对消除可能出现的犯罪心理会产生很大的作用。在同学的关心和爱护中，你会慢慢远离那种报复心、占有欲、嫉妒心、虚荣心和好奇心等，而使自己处于一种平和的状态。相反，如果与那些社会上的不法分子交往的话，则会加速犯罪心理的形成，最终导致自己走上不归之路。

四、容易产生犯罪心理的同学可以打谈心电话或进行心理咨询，通过同主持人、专家交谈，解决自己的心理问题。目前各地都设有各种谈心电话、热线电话、心理咨询中心等机构，同学们有什么想法都可以把心中的烦闷、苦恼与不安告诉对方，以取得他们的帮助。通过自己的诉说或发泄，让他人了解你的痛苦和迷惑，以确定如何帮助你。同时他人或者组织对你的心理辅导、疏导，让你对自身的情况有一个全面的了解和认识，从而使你及时醒悟，避免走上犯罪道路。

除了上述所说之外，最关键的还是要在平时多读书，不断提高自身的道德修养、心理修养水平，提高法纪观念，多参加各种有益的社会活动，培养各种正当的爱好与兴趣，以便有效地预防和纠正犯罪心理，使自己顺利、健康地成长。

学会宽厚仁爱

宽容、善待他人

有不少青少年朋友,常常为一点小事斤斤计较,闹得脸红脖子粗。这种缺乏宽容的态度不仅不利于同学间的和睦相处,也不利于人际间的正常交往。

学会宽容别人首先要有乐观的心态,一个悲观的人总是很容易想到事物不好的一面,而且心情比较压抑和郁闷,所以总会对别人不满或者生气。虽然有的人平时挺乐观,可是一旦遇到什么事情就悲观起来,这也不算真正的乐观。真正的乐观是不论在什么时候都可以给自己鼓励和希望,并且相信自己。

当然要想获得宽容,也离不开共赢观与换位观的树立。共赢观简单来讲就像一句广告语中所说的"大家好,才是真的好"。这是对过度竞争观的否定,是一种真正的集体主义。我们需要宽容同学,宽容自己在竞争中的对手。曾经林肯总统对竞争对手以宽容著称,后来终于引起了议员的不满,议员说:"你不应该试图和那些人交朋友,而应该消灭他们。"林肯微笑着回答:"当他们变成我的朋友,难道不是正在消灭我的敌人吗?"林肯总统的话一语中的,多一些宽容,公开的对手或许就是我们潜在的朋友。

而换位观则需要我们换位思考,进行角色的转换。换位思考的实质,就是设身处地地为他人着想,即想人所想,理解至上。同学的交往若产生了摩擦,应当把自己和对方所处的位置关系交换一下,站在对方的立场上,以对方的思维方式或思考角度来考虑问题。这样,当你本来想发怒的时候,通过换位思考,你的情绪就会变得平静下来;当你觉得对方不可理喻的时候,通过换位思考,你会真切地理解他此时此地的感受。通过换位思考,你也会变得宽容。

其实,宽容别人也就是宽容我们自己。对别人多一点宽容,我们生命中就会多一点空间。人生活在社会上,不可能孤立地存在,要和许多人打交道,包括家人、朋友、同学、同事和陌生人。我们必须时刻融入到社会这个大家庭里，才会感到幸福，才能生活得更有价值。人要实现自身的价值，要让自己活得更有意义，就必须不断地与身边的人相处，而与他人相处的最好方式就是善待他们，不断地去适应他们的变化，这也是宽容的主要表现。

一、要善待身边人，就要宽容。人难免有一时失误或一念之差做错事的时候。要善待他、宽容他，容许他改正错误，他就会心存感激，有机会会回报于你，对你更死心塌地。

二、善待身边的人，就要关心他的需要，并尽量帮助他得到满足。

三、善待身边人，在精神上就要使之愉悦，杜绝家庭暴力之类。平时多用赞美、肯定之词，多发现对方的闪光点，并肯定之，多少有点阿Q精神。

四、交朋友要由浅入深，对双方关系的亲密程度有个正确认识，对朋友有个认识甄别过程。有的人一见面就不分彼此，后来发现有意见相左的地方又纠缠不清，闹得不愉快。所以，宁愿彼此保持距离、客客气气的，也不要开始很好，后来又交恶。

拥有非凡的气度

有的人气量狭隘，受不得半点委屈，例如，在听到别人的批评与事实稍有出入时，或是火冒三丈，暴跳如雷；或是垂头丧气，一蹶不振；或是自尊心受到侵犯，斤斤计较个人得失，丝毫不肯让步。有的人甚至怨恨难消，走上轻生的绝路。但是也有的人气量宏大、胸襟开阔，对于别人的批评责难，能十分宽容、忍让，听得进反面意见，对于误会毫不介意，能委曲求全，以大局为重。

气量的狭隘与宽容并不是一个人的秉性，而是由于思想修养程度的不同。气量狭隘的人一方面是自尊心强，容不得别人对他说长道短；另一方面又因眼光短浅、私心较重，在是非利害面前，不愿有丝毫亏损。气度宽宏的人也有自尊心，但能尊重他人，对于误解，善于忍让等待而不急于辩白、还击。另外，他们站得高、看得远，处处以党的事业、人民的利益、集体的利益为重，那么对于个人得失，也就能处之泰然。

气量狭隘怎么办？既然气量不是天赋的，那就一定能从加强思想修养着手，开拓眼界，扩大胸怀，把自己锻炼成为一个气度宏伟的人。首先思想上要树立全局的观念，事事以党的事业、人民的利益、集体的利益为重，眼光要看得远，要看到大范围：先是国家民族，然后才是局部利益、个人利益，一切服从整体。时间也有个大范围：今天、明天、后天，今年、明年、后年，遵循事物发展的必然程序来谋求解决，不能违反客观规律，急于求成。其次，在对待同学、老师、亲友之间的关系上，也要处理好。原则是：严以律己、宽以待人。俗话说："将军额头能跑马，宰相肚里好撑船。"在学习、生活上，应该互相信任、互相谅解、互相帮助，受到误解和委屈，只能是推诚相见，而不能一味心存芥蒂、怨气冲天。

从心理学的角度来看，得到称赞和尊重是人的基本需要。人都希望自己的工作、才能、成就受到社会的重视，被别人认可，希望自己有一定的社会地位、有应得的名誉，受到别人的尊重和认可。但是在现实生活中，我们会遇到相反的意见，会遇到不喜欢我们的人，会受到批评。那么，我们如何来接受？

一、分析持反对意见人的心理

持反对意见人的心理特点往往是：他是从个人的角度和利益出发的吗？涉及个人利益，有的人就会偏激地反对和否定你。如果遇到这类情况，不是客观公平地看待你，那么用理解和宽容去接受。同时，为他的无知而感到幼稚。如果对方的反对是在彼此理解的基础上，从大局出发的，那么我们应该认真接受批评和建议，吸收精华，改进自我。

二、克服完美主义

从相对论来说，世界本身永远也无法统一，美和丑、善和恶、光明和黑暗、幸福和痛苦，这些矛盾组合都是永远并存发展的。因此我们走出门去，遇到喜欢我们的人，也会遇到不喜欢我们的人。同样，我们会和自己喜欢的人一起工作，也会有不喜欢的人和我们相处。我们无法要求我们的眼睛看到的都是美丽，也无法要求全世界的人都喜欢自己。如果你理解和接受了矛盾的本身存在，也就理解了别人攻击和反对的正常性，理解了矛盾，坦然而平静。

三、正确的评价自我

面对批评，不是自卑、放弃、灰心、伤感，而是正确地自我评价。换个角度，心决定路。自我的正确认识，对保持健康的心态很重要。就是我们在根据有关信息、线索对自我进行评价的时候，往往会受到他人的、情绪的、外界压力的影响，同时会从本人的经验归纳出对自我的看法和观念，有时候就不免偏激。认识到这一点，评价自我就需要冷静的头脑。

做心胸开阔的人

我们发现有的同学气量狭窄，听到别人的批评就火冒三丈或垂头丧气，斤斤计较个人得失，事事不肯忍让、私心时时暴露；而有的同学心胸开阔，善于听取他人的批评意见，对误会也不介怀，遇事能宽容、忍让，表现出良好的修养气度。不管是气量狭窄还是心胸开阔，并不是天生的，这完全可以通过环境的熏陶和自我修养的努力而改变。要使自己从心胸狭隘走向豁达大度，应当从以下几个方面努力：

一、跳出小我，眼光开阔，去关心和了解他人、社会，正确对待现实中的矛盾，树立全局观念。气量狭窄往往是脱离社会、脱离群体、视野狭窄的产物，放眼空间之大，展望时间之远，对比之中就易见小我的渺小，对原来斤斤计较的东西不免觉得可笑了。再辅之以对自己思想道德修养的砥砺，从指导思想上去除导致心胸狭隘的根子。

二、从古往今来的伟人中选取值得效法的榜样。有大气度者能成大事业，从谏如流的唐太宗、"美国国父"华盛顿、聚合群英的孙中山、"人民的好总理"周恩来……哪一个不是胸怀远大、虚怀若谷？青少年朋友应当学会循着先贤的成长轨迹前进，提升自己的人生境界，培养远大的理想和抱负，从眼前的小利、小事中超脱出来，促进自身成长。

三、通过提高自身素质、丰富自身修养使自己胸襟开阔。心胸开阔说到底是个修养的功夫，我们从事一些高尚的兴趣活动，有助于我们对事、对人的看法更开朗、更全面深刻，从而做到气量宽宏、识见深远。

四、要有广泛的社会交往，与周围人们加强相互交流，促进相互理解，增进融洽、坦诚的人际关系，一旦遇事就易互相信任、互相谅解、互相帮助。

五、确立一些人生原则，要求自己凡事依此而行，在执行中加深理解、更好地执行。如"严以律己，宽以待人"、"宰相肚里能撑船"、"心底无私天地宽"等，遇事便自我提醒这样去对待，时间长了就自然发挥作用。

帮残疾人却遭误解

为残疾人排忧解难，已成为新一代的学生向社会奉献爱心的具体行动。在福利院里、在康复中心、在大街小巷，不时地能看到同学们帮助残疾人的身影。社会对这种高尚之举给予了高度评价，然而也有一些同学帮助残疾人却反遭误解，甚至受到残疾人的误解。遇到这种情况，该怎么办呢？

一、要宽容大度，不要耿耿于怀

残疾人明白自己受身体条件的局限，自我保护能力较差，因此他们对别人有较强的戒备心理。他们中有些人因行动不方便、生活面狭窄、接触外界环境较少，又易形成较"怪癖"

的心理；有的因上过当、受过骗，"一朝被蛇咬，十年怕井绳"；还有的曾受到过一些冷遇或歧视……特殊的处境使他们形成了特殊的心理。因此对他们要多一些理解、多一份爱心。受到了他们的误解，要宽容大度，不要耿耿于怀。

二、要不厌其烦，多做解释工作

对于性格较内向、疑心较重的残疾人，解释工作尤为重要。如你去帮助某户残疾人打扫卫生，可先做一番自我介绍，比如姓什么名什么，家住何方、哪个单位、来此何干，你拿出学生证、请出介绍人，他必定疑窦全消，误解怎会产生？如果有了误解，也不要紧，只要耐心解释，诚心诚意地帮助，再多的误解也会消除。

三、真心相待，持之以恒

俗话说："路遥知马力，日久见人心。"你可能被别人误解一时，但不会被误解一世。这可能会是一个相当长的过程，但只要我们持久以恒，最终会消除误解。只要你是真心相待残疾人，处处为他们考虑，常常帮他们解难，最终你的一片真情会换来他们的无限信任。即便一些人喜欢无事生非、无端猜疑，你只要坚信"身正不怕影子斜"，又何必去在意他人的飞短流长呢？

四、要注意方法，尽量避免误解的产生

帮助残疾人，不仅要有热心、爱心，更要注意方法。方法得当，可以避免误解的产生。例如，一位盲人提着大包十分吃力地在街上行走，你热心地跑上前去，抢过大包就要送他，此时，他不大喊"抓强盗"才怪呢！正确的方法是，上前询问他要到哪里去，是否需要你的帮助，在征得同意后，你可一手提着大包，另一只手扶着他一同前往。要根据他们的需要给予帮助，而不应该强迫性地给予帮助或者其他不适当的帮助。

总之，残疾人要适应别人的帮助，需要一个心理的适应过程。只要我们宽容大度，不计较他们一时的误解和抵触情绪，用真诚不断去感动他们，不厌其烦地去跟他们沟通、解释，再注意帮助他们的方式方法，就一定能获得他们的信任，并与他们和谐地相处。

正确解决争吵

在社会生活中，难免与人发生争吵。但争吵往往会深深地伤害彼此之间的感情，不利于团结友爱，甚至带来严重的社会后果，破坏了社会的和谐。因此，青少年学生尽量避免和身边的人发生争吵，不可避免的话也要尽力去弥补。一旦与人发生争吵，要

尽自己最大的努力来妥善处理。可以通过以下的方式：

一、正确认识

青少年朋友血气方刚，遇事容易发火，常引发争吵，这几乎是我们学生的"通病"。青少年朋友为什么容易发火呢？这应当从生理、心理上来分析。从生理上看，青春期阶段正是一个人各种腺体分泌旺盛的时期，它们具有促使人感情剧烈波动的作用。从心理上看，年轻人特别看重伙伴和友谊，他们渴望得到伙伴的承认和尊敬。这就驱使他们在任何场合中，都尽可能地表现出勇敢、坚定而不甘退缩。因此，学生中出现逞强好胜的毛病，就不足为奇了。

二、冷静选择

一位名人说过："战争里从来就没有真正的赢家，总是两败俱伤。"争吵也是这样。既然如此，我们为什么不选择好的结局呢？当代作家刘心武建议人们："在人际碰撞中要学会合理、必要、及时地妥协，掌握一门妥协的艺术。"我们这些年轻气盛的学生，就更应该努力战胜自己在生理、心理上的"毛病"，去积极地研究这门"艺术"了。

三、掌握"艺术"

怎样才能使争吵合理地解决呢？这需要我们掌握一些解决争吵的"艺术"。

1. 求同存异。争吵有时是由于意见分歧而引发的。在这种情况下，要建议对方，暂时避开某些分歧点，寻求某种共识，以达到冲突的逐步解除。

2. 主动谅解。当引起争吵的责任和原因主要在对方时，我们就要有"高姿态"，采取主动谅解的方法来化解矛盾。发生争吵之后，不管自己是否有道理，主动向对方道歉。一些人觉得这样自己会很没有面子，其实不然。如果道理在别人一方，我们应该道歉；如果道理在我们一方，我们进行道歉不仅显示出自己的宽容，也给别人一个台阶下。所以，只要主动道歉，我们不仅能得到周围人的欣赏，还能将和自己争吵的人变为自己的一个好朋友。

3. 澄清事实。争吵有时是由于误解而造成的，在这种情况下，我们就要当面向对方讲明事情的真相，以解除已有的误解，使矛盾得以解决。如果此时对方十分激动，我们最好保持沉默，让朋友先把要说的话说完，并且不要当中插话，面部表情也要尽量放松，待他冷静之后再做解释，以消除误会。

4. 诚恳认错。在争吵的过程中，如果你认识到，争吵是由于你的过失或你的责任所导致的，那么，你就要勇敢地承担责任，诚恳地向对方赔礼道歉，求得对方的谅解。切不要为了面子而死不认错。科学家利斯特说："我能想象到的人的最高尚行为，除了传播真理外，就是公开放弃错误。"当过错主要在自己一方时，我们为什么不采取这种"最高尚行为"呢？

争吵的处理得当与否，对我们同学自身、对所涉及问题的解决、对我们的人际关系都是至关重要的，同学们要留心于此。

面对朋友的谎言

知心朋友本应以诚相待，但总有这样那样的原因让坦诚变得难堪。有一天，我们突然发现知心同学对自己撒谎，对此该如何处理呢？

首先，要弄清楚他撒谎的原因。如果他是考虑到维护我们的自尊心，或担心我们的心理承受能力而隐瞒了坏消息，那么这是善意的谎言；如果他自己有难言之隐，不便公开，而制造假象或者假说，那么这是一种无奈的撒谎；如果明知道不对，却执意造假，或别有用心地刻意歪曲、隐瞒事实真相，那就是恶意的撒谎了。

善意的谎言是出于善良的动机，以维护他人利益为目的和出发点。众所周知，矛盾有普遍性和特殊性之分，特殊性包含于特殊性之中而区别于普遍性。就其善意的谎言本身的性质决定，它并非恶意，而是

建立在内心之诚、内心之善的基础上的；而恶意的谎言是为说谎者谋取利益，以强烈的利欲、薄弱的理性对他人实施手段，不惜伤害他人的行为。本身善良的人在某种状态下"被逼"说出的谎言是善意的，这种谎言对主体来说，是一种友善、一种关心。而心术不正的人，不管如何伪装，如何花言巧语，如何绞尽脑汁为自己恶意的谎言冠上善意的高帽，其所说的谎言都带有恶意目的性。

对于善意的撒谎，朋友的出发点是为我们着想，我们则应该心领他这份良苦用心，并向他致谢，同时说明希望今后能实话实说。因为是知心朋友，彼此就应该坦诚、互相信任。如果他有难言之隐，一时不便向我们诉说，我们也要体谅他，主动关心帮助他，看他有何为难之处，自己能否助他一臂之力。

那么，如何对待那些恶意的撒谎呢？我们不妨采取以下做法：

一、暂且忘掉这件事情，用真诚的友谊感化他

他撒了谎，知道自己错了，很怕好朋友会因此讨厌他，甚至不理他。这时候我们对他的一言一行可能都会刺激到他，可能让他陷入无法摆脱的自我谴责之中。作为知心朋友的我们，怎么忍心这样呢？因此，我们可以一如既往地与他做知心朋友，甚至比以前更加关心帮助他，用真诚的友

谊去感化他，使他能从错误中走出来。

二、表明态度

暂且忘掉他撒谎，并非是迁就或对他的错误置之不理，而是在力求恢复友谊的前提下，含蓄地表明自己的想法。我们可以用卡片、书信，态度诚恳地表明自己希望他改正的意图，而且愿意不计前嫌。在这种情况下，相信他是会有悔改之心的。

三、宽容大度，再续友谊

人无完人，孰能无过？有过必改就好。朋友之间的相处应该互相帮助，取长补短。因而我们要有容他人之过的雅量，多鼓励他进步，忘掉不愉快的事，继续彼此的友情。如果我们已经努力帮助，他仍是不改，那么我们可以告诉老师，寻求老师的帮助。

四、剖析事实，重新认识

毕竟好朋友也是会变的，在一定的条件下，或许你认识的好朋友已经不是最初那个熟悉的模样。在确定朋友不是开玩笑的情况下，确定朋友已经十分严重地伤害了自己的情况下，重新对朋友的为人进行认识，最后决定是否再维持与朋友间的关系。

总之，当朋友对你说谎话之后，一定要搞清楚朋友说谎话的原因，切不可因为一时冲动而跟朋友反目成仇。这样既不利于问题的解决，也会严重破坏知心朋友之间的深厚友谊。

关心残疾同学

残疾同学除了每天坚持学习，完成并不轻松的学习任务以外，同时还要忍受因残疾给他们的学习和生活带来的种种不便和痛苦。他们面对的困难比正常人要大得多，更需要得到同学们的关心和帮助。

要想关心和帮助残疾同学，就要先了解他们的心理特征。他们的心理特征主要有以下几点：

一、自卑的心理和孤独感

这是残疾人普遍的心理特点。由于生理上和心理上的缺陷，他们在学习、生活和就业方面遇到诸多困难，得不到足够的支持和帮助，甚至遭到厌弃或歧视，因此产生自卑的心理。生理上或心理上的缺陷，还会导致他们活动受限，无法进行正常的交流，缺少朋友，久而久之就会产生孤独感，这种孤独感会随着年龄的增长而逐渐增强。

二、敏感多疑、自尊心过强

残疾状态会导致残疾人注意力过度集中，过多地注意别人对自己的态度，对别人的评价极为敏感。别人对其不恰当的，甚至是无意的称呼，都可能会激起他们强烈的反感。如果他们的自尊心受到损害，就会当即流露出愤怒情绪，甚至采取过度自卫的手段加以报复。

三、深刻的抱怨心理

抱怨父母、抱怨领导、抱怨命运，认为天地之间，难以容身，人海茫茫，唯我多余。

四、情绪不稳定，但富有同情心

他们对外界的情绪反应强烈，容易与别人发生冲突。但残疾人对残疾人却有着特别深厚的同情心。他们较少与非残疾人交流，除了"话不投机"的原因外，还与交流不方便有关。

了解他们的心理特征之后，我们应该怎样关心他们呢？

一、我们要平等地对待他们，尊重他们的人格

残疾同学容易产生自卑感，觉得自己在某些方面不如别人，因而他们往往又特别敏感。有时同学们言行稍有不慎，就会自觉不自觉地伤害到他们的自尊心。因此，在与残疾同学相处中，同学们应明白，残疾仅是他们身体上的缺陷，而不是他们的缺点。这种缺陷是他们无法改变，也不可能"改正"的，责任不在于他们。他们以残疾的身躯承担了和我们同样重的学习任务，付出了比我们大得多的努力，他们身残志不残，并且勇敢地向命运挑战，应该值得我们学习和敬佩。

二、在思想上要与他们多交流、多沟通，做他们的知心朋友

残疾同学的身心压力一般比正常人大，痛苦多，对别人的戒备心也比较强。他们一般不大会主动与同学交朋友，唯恐遭到冷遇。因此，同学们要主动与他接近，敞开心扉，与他们多交流、多沟通，遇事多为他们着想，做他们的知心朋友。

三、要根据他们的需要，及时给予各种形式的帮助

帮助残疾同学要根据他们的需要去做，不可事事包办、代替，那样反倒会适得其反，伤了他们的自尊心。例如，对行走不便的同学，可根据他们的具体情况，用自行车接送他们上学、放学；帮他们背书包，陪他们一道步行；背他们过河，搀扶他们上下楼梯等。需外出集体活动时，也尽可能地接送他们一起参加，使他们感受到集体的温暖；对手不方便的同学，可帮他们削铅笔、吸墨水、拿物品等。平时，要注意做好周围同学的思想工作，动员大家一起来帮助残疾同学，从而形成一种良好的班风，使残疾同学生活在一个温暖的大家庭中。

四、要坚持正义，主动维护残疾同学的合法权益

有一些人的道德水平不够高，他们对残疾人有歧视和偏见，使残疾人的人格和合法权益不能得到充分尊重和保障。因此，当我们见到有人对残疾同学不够尊重，甚至有侮辱性的言行时，要挺身而出，伸张正义和主持公道。对有损残疾同学的合法权益的事情要坚决斗争，同时要向有关人员和单位宣传《残疾人保护法》，保护残疾同学的合法权益。

学会安慰他人

当朋友伤心难过时，很多人要么好言相劝"别哭了，坚强点儿"，要么帮助分析问题，告诉他你应该怎么做，还有人会批评对方"我早就给你说过……"其实，这些做法不仅不能使人得到安慰，还会使对方更加伤心。因此，安慰人也要讲求心理技巧，要根据对方的心理活动，给予最贴心的抚慰。

一、要倾听对方的苦恼

由于生活体验、家庭背景、人生经历等不同，每个人形成了对于苦恼的不同理解。因此，当试图去安慰一个人时，首先要理解他的苦恼。安慰人的时候，听比说要重要。一颗沮丧的心需要的是温柔聆听的耳朵，而非逻辑敏锐、条理分明的脑袋和伶牙俐齿。聆听是用我们的耳朵和心去听对方的声音，不要追问事情的前因后果，也不要急于做判断，要给对方空间，让他能够自由地表达自己的感受。聆听时，还要感同身受，让对方察觉到我们内心的波动。如果我们对他的遭遇能够"悲伤着他的悲伤，幸福着他的幸福"，那么对于被安慰者而言，这就是给予他的最好的帮助和安慰。还要允许对方哭泣。哭泣是人体尝试将情绪毒素排出体外的一种方式，而掉泪则是疗伤的一种过程。所以，请别急着拿面巾纸给对方，只要让他知道你支持他的心意。

二、要接纳对方的世界

在安慰人时最大的障碍，常常在于安慰者无法理解、体会、认同当事人所认为的苦恼。人们容易将苦恼的定义局限在自我所能理解的范围内，一旦超过了这个范围，就是"苦"得没有道理了。由于对他人所讲的"苦"不以为然，从而安慰者往往容易在倾听的过程中产生抗拒，迫不及待地提出自己的见解。因此，安慰者需要放弃自己根深蒂固的观念，承认自己的偏见，真正站在对方的角度去看他所面临的问题。心理专家说的"放下自己的世界，去接受别人的世界"，就是这个道理。最好的安慰者是暂时放下自己，走入对方的内心世

界，用他的眼光去看他的遭遇，而不妄加评断。

三、要探索对方走过的路

安慰者常常会感到自己有义务为对方提出解决办法，帮助对方找到应该走的路。殊不知，每个被苦恼折磨的人，在寻求安慰之前，几乎都有过一连串不断尝试、不断失败的探寻经历。所以我们所要做的应该是，探索对方走过的路，了解其抗争的经历，让他被听、被懂、被认可，并告诉他已经做得够多、够好了，这就是一种安慰。

心理专家提醒安慰者一个重要的观念："安慰并不等同于治疗。治疗是要使人改变，借改变来断绝苦恼；而安慰则是肯定其苦，不试图做出断其苦恼的尝试。"实际上，在安慰人的过程中，所提供的任何解决方法都很可能会失灵或不适用，令对方再失望一次。故而不加干预、不给见解，倾听、了解并认同其苦恼，是安慰的最高原则。

另外，陪对方走一程也是一种安慰。对方会在你的陪伴下，觉得安全、温暖，于是倾诉痛苦，诉说他的愤恨、自责、后悔，说出所有想说的话。同时可以为对方打几通电话，连接人脉；也可以找相关的书籍给他们阅读；或是干脆提供一个可以躲避的空间，让他得以平静地寻找自己的答案。当他经历完暴风雨之后，内心逐渐平静下来，坦然面对自己的遭遇时，他会真心感谢你的陪伴。

正确对待乞讨者

在繁华街道、闹市区、商业区，甚至在自家的院门口，时不时能够看到乞丐的身影。那些乞丐，有些惹人烦，不给钱不走；有些身有伤残，看上去蛮可怜；有些以卖艺为生，靠自己的歌声来讨些钱；有些编些让人真假难辨的故事，以获得人们的同情心；还有些孩子小小年纪，就沦落街头，让人看了心酸……同学们如果碰到有人向你乞讨，应该怎么办呢？

一、对老弱病残者，要有一份同情心

乞讨者有的身患残疾，没有工作能力；有的年迈体弱，却无人照顾，生活都难以自理，不得已以乞讨为生。无论如何，在他们的生活一时还没有保障，甚至达到饥寒交迫的程度的时候，我们要有一份同情心。因此，如果遇到像这样一些老弱病残的乞讨者，给予他们一些帮助也是合情合理、理所应当的。

二、对临时有急难者，可给予一些援助

出门在外，很多事情都不可预料。遇到突发事件或者被坏人算计，

一时生活没有着落也是很有可能的。例如，有些人或财物被窃，或亲人突患急病，又举目无亲，陷于孤立无援的境地，不得不暂时乞讨。对这种人我们也应该富有同情心，毕竟大家都有落难的时候，因此，也要诚恳地给予他们一些援助。

三、对街坊邻居中受家庭成员虐待而乞讨者，要伸张正义

有些人因丧失劳动能力而受到缺乏公德的家庭成员的虐待，不得不以乞讨为生。对这样的人不仅要给予经济上的帮助，还应伸张正义，帮他们向有关部门反映，制止这种虐待行为。

四、要增强辨别能力，善于识破各种行骗者

我们不可否认，在乞讨者中也混杂着相当一部分好逸恶劳的行骗者。他们利用人们的同情心想不劳而获，甚至把乞讨作为致富的门路。对这部分人要善于识别，不要上当受骗，对其中的违法者，还应及时向有关部门报告。

对付行骗者的具体方法有：对强要硬讨者，非善良之辈，要设法摆脱；花言巧语者，说得越天衣无缝，越不可信，可不予理睬；对多次碰到的熟面孔，不必给予帮助；身强力壮，可以凭力气谋生者，也不必给钱给物；对东张西望，结伙成伙，以乞讨为掩护，或顺手牵羊，或伺机作案者，要提高警惕，如有必要，应立即向有关部门报告。

总之，作为学生，我们一方面要有同情心和爱心，以去帮助那些确实需要帮助的行乞者，让他们感受到社会的温暖，渡过一时难关。另一方面我们也要警惕那些不劳而获，甚至坑蒙拐骗的行为的乞讨者，不可任其猖獗发展。

帮助他人不求回报

人和人之间少不了相互帮助。受到别人的帮助理应感谢别人，同样自己帮助了别人，也希望得到别人回报，这是人之常情，是一种正常的心理状态。但往往事与愿违，在实际生活中，有时会出现自己帮助别人后并没有得到别人的回报，因而会产生心理不平衡，这该怎么办呢？

一、要明确自己帮助别人是为了解决他人之忧，同时，也提高了自身的道德修养，得到心灵的安慰，而不是为了贪图别人的回报。当看到别人有困难需要援助时，自己如果撒手不管，过后总会感到内心不安。如果不存在助人的条件，倒也罢了，假如明明能够帮助却没有去做，自己会受到良心的谴责。看到别人在自己的帮助下顺利渡过了难关，往往比自己战胜了困难还高兴。这就是人们常赞美的品德——助人为乐。

二、要想到自己虽帮助了别人，但却是微不足道的。因为自己也常受到别人的帮助。一个人的成长，总是处在一种社会间的"我为人人，人人为我"的实际空间中。老师、同学、朋友及许多素不相识的人，在直接或间接地帮着我们，这不一定能被我们直接感受到。你如果能体会到这些，那就不仅不会计较他人是否回报自己，还会体会到身处人帮我、我助人的氛围中的无穷乐趣，社会空间在这里净化，人类的互助互爱是多么可爱和重要。

还有一种情况是，为别人做了好事，反被别人讥笑，说你是"出风头"。因此，有些同学总结出一句话："好人做不得。"以后再也不帮助同学，再也不伸出友谊之手。久而久之，就把自己培养成了一个自私的人。其实，这是一种消极的心理状态，是不断完善自己的巨大心理障碍，严重一点还会导致一个人心灵扭曲。

首先，一个道德修养好的人，应富于同情心和友爱心。只要别人有困难，就应该毫不犹豫地伸出友谊之手，而不是想得到什么回报、存有什么奢望，而是把为别人做好事看做是应该的，把它作为一种快乐。

其次，要有宽容的态度。对一些为别人做了好事，反遭怪罪的"好心没好报"的事，得先检查一下自己，是不是帮了倒忙，给别人带来了麻烦，如果是这样，就应该向别人道歉。不要认为自己是好心，即使做坏了事也是好意，你应该吸取教训，以后不要再做这种事。如果确实是为别人做了好事，对方不但不领你情，反而以某些原因怪罪你，你也不必计较，因为你本来就不是为别人领情而做好事的。至于那些讽刺、挖苦别人做好事的人，你就更不必理睬。因为这些人本身就缺乏道德修养，他们缺乏同情心和爱心，他们生怕别人做了好事会受到表扬和宣传，可自己又不愿意为别人做一点牺牲。因此，就在背后说三道四、讽刺挖苦别人。对这种人，你如果计较的话，岂不降低了自己的人格？

总之，帮助别人不图回报是一种美德；帮助别人引以为乐是良好素养。社会需要人们互相关心、互相爱护和互相帮助，从"把关心留给他人"出发，让助人为乐的精神在人们心中生根开花。只要你认定自己做的是有益于别人的事，就不要在乎别人的态度。只要心胸坦荡、言行磊落，完全可以我行我素。时间一长，别人都会理解你、赞美你。

帮助学习差的同学

一个班级是由学习上好、中、差不同层次的同学组成的。学习差的同学毕竟是少数。学习差是由多方面的因素造成的，一般原因主要有以下几个方面：一是学习目的不明确，缺乏内在动力。二是学习时思想不集中，导致观察力、理解力不强，直接影响记忆的效果。三是学习方法不正确，抓不住重点、要点，概括能力差。四是没有养成良好的学习习惯，在学习遇到困难时又缺乏毅力和韧性。

学习差的同学无论在学校里，还是在家庭中，时常会受到冷遇。周围的环境，很可能使他们产生自卑、自暴自弃的消极情绪。他们渴望别人的关心和帮助，希望自己有朝一日能扔掉"差生"的帽子，但又缺乏自信心，往往处于矛盾的心理状态之中。这就需要学校和家庭能为他们创造一个催人奋进的环境，调动他们的积极性，树立自信心，奋起直追。

做好学习差的同学的转化工作，帮助他们消除自卑感，建立自信心，找到正确的学习方法，不仅是老师和家长的责任，而且是每一个同学的责任，因为"一花独开不是春，百花齐放春满园"。

在帮助学习差的同学时，难免会出现个别人的讽刺、挖苦，面对这种状况，该怎么办呢？

一、不予理睬。"走自己的路，让人家去说吧"！只要自己所做的事对集体、对他人有益，那么心里就坦然，因为"心底无私天地宽"。

二、帮助学习差的同学，要脚踏实地、持之以恒。帮助他们重新树立信心，发挥长处，克服不足，养成良好的学习习惯。

三、通过自己诚心实意地帮助，一段时间以后，学习成绩差的同学总会有一定的收获。事实胜于雄辩，说风凉话的人自会心服口服。自己以实际行动帮助了学习差的同学，也教育了周围的人，可谓一举两得，于集体、于他人都有好处，自己也得到了锻炼。

敬老节献爱心

尊敬老人是中华民族的传统美德。老人们几十年如一日，为家庭、为社会、为民族奉献了自己的力量。全社会都有敬重老人、祝他们健康长寿、安度晚年的美好愿望和义务。敬老节的规定就是其表现形式之一。

在敬老节来临之前，组织一次献爱心活动是十分必要的，是我们学生弘扬民族文化传统的表现。我们可以组织多种服务活动，安排多样的文娱活动，还可以利用重阳节的风俗向老人们送上祝福和表达敬意。

一、组织服务活动

到敬老院或者老工人、老劳模、老干部、老教师或百岁以上的老寿星家里拜望，打扫卫生、整理环境、帮做家务等。特别要关怀那些鳏寡老人,他们是社会上的一个弱势群体,他们无儿无女、无依无靠,饱尝人世间的辛酸,过着凄凉的晚景。我们要把他们当做自己的亲人,亲切的话语、温暖的问候都会使他们感到欣慰而开心。

二、组织文娱活动

老人们的日常生活可以说是十分平静而寂寞的,儿女忙于工作,自己活动又不太方便,所以往往在一个狭小的空间内生活,没有欢乐和朝气。借节日我们可以精心选排文艺小节目,如唱歌、跳舞,以活跃他们的生活气氛。在活动中,要积极让他们参与进来,即使只是拍拍手、散散步,也会让他们感受到久违的愉悦。与此同时,我们要注意衣着打扮,要干净得体、鲜艳多彩,配合喜庆的节日氛围。

三、利用重阳节的风俗习惯开展活动

重阳节的风俗很多,主要有登高远足、吃重阳糕、门插茱萸、观赏秋菊等。登高可视老人的身体状况量力而行,能者则扶其登高览胜。重阳糕制作精细,可用来孝敬老人,表示祝福。九九重阳节正值金菊开放之时,"世情儿女无高韵,只看重阳一日花"。赏菊、品茶、吟诗,情趣无限。

另外,无论做什么活动,我们在与老人们相处过程中都要保持一份关心和尊敬,当然,最好的方式就是谈谈心了。可以询问近来的身体状况、饮食情况,也可以跟老人们讲述一些生活中遇到的新鲜事等,以达到沟通感情的目的。

总之,要精心组织、充分安排好各种活动,不仅要使老人们心情舒畅地过好节日,而且要使他们感觉到社会对他们的尊重。

在公共场所敬老爱幼

人的一生都要经历四个阶段:幼年——青年——中年——老年。这是人类生命运动的自然规律。许许多多老前辈为国家的繁荣和社会的进步而辛勤劳动,贡献了毕生的精力。到了老年,由于身体机能的衰退、记忆力的减弱,老态龙钟,行动不便,他们理应受到社会的尊重与关心。幼小的儿童,天真烂漫,是祖国的花朵,是祖国的未来和希望,他们理应受到社会的爱护。

敬老爱幼是我国中华民族的传统美德。我们青少年学生要从小养成这种美德,"老吾老,以及人之老;幼吾幼,以及人之幼"。那么,在公共场所,该如何敬老爱幼呢?

一、如在人多拥挤的公共场所,要让老人和小孩先走,注意不要推挤、冲撞他们,以免造成意外事故。

二、如在车站码头,应按先后顺序排队,不拥挤。遇到老人或妇女抱着小孩子，请他们优先乘车（船），并主动给他们让座或找座放好行李。途中主动给老人打开水，搀扶老人上厕所等。安顿好老人，关照小孩不要乱跑，胳膊不要伸出车窗外，以免有不测。

三、如在影剧院，要主动帮助老人和小孩子对号入座。如中途退场，要主动搀扶他们走出放映厅，以免摔倒。

总之，敬老爱幼不仅要表现在思想上，而且要落实在行动中，让敬老爱幼的传统美德在我们青少年一代身上发扬光大。

帮助贫困的失学儿童

目前，帮助贫困落后地区失学儿童的"希望工程"在神州大地已经引起普遍关注。许许多多的人献出一份爱心，为"希望工程"添砖加瓦，使"希望工程"充满希望。如果你也想帮助贫困地区的儿童，却不知道该怎么办，以下几点建议也许对你有所帮助。

一、把你的想法和打算告诉你的父母，争取得到他们的支持并积极参与进来。因为毕竟我们还不是一个独立的经济个体，在经济上主要还是依靠家里。另外，父母的社会经验丰富，可以给你献爱心的更好建议。

二、与你所在地的团组织（团市委或团县委）取得联系，向他们提出你的愿望和有关要求。如你想帮助某一地区的儿童，是男孩还是女孩，是还未上学或失学的，还是正在上学的等，以便确定具体的帮助对象。

三、在确定了具体的帮助对象之后，你便可以直接与他建立联系，了解对方的生活学习情况，也告知自己的情况。

四、在了解了对方的具体情况后，再根据自己及家庭的情况确定以何种方式来帮助对方。如对方是还未上学或失学儿童，则先由家长出面给予经济上的资助让其入学，再议其他；如是上学儿童，则以你为主（也可联合发动你的同学）提供以下三个方面的帮助：学习方面的帮助，如介绍学习经验和学习方法，赠送学习用品和书籍，解答学习上的难点和疑问等；生活方面的帮助，如省下你的零花钱和过年时的压岁钱做对方的学杂费，寄去自己不穿的旧衣裤，寒暑假把对方接到你家里住上一阵子等；政治思想方面的帮助，这主要是经常了解、关心对方的思想状况，鼓励他越是在困苦的条件下，越是要自尊自强、勤奋读书，长大后成为对国家建设有用的人。

当你伸出援助之手帮助别人的时候，相信你的心灵也得到了净化，变得更加纯洁、美好。

积极捐款救灾

天有不测风云,自然灾害常常让人猝不及防。当灾区人民处于水深火热之中,每一个人都有义务为灾区的人民做点事,献出一份爱心。你作为一名班干部,在外地遭受自然灾害的时候,应该怎样组织捐款活动呢?

首先,我们必须了解灾区的真实情况,看看灾区人民目前的主要困难和亟待解决的问题。在为灾区人民组织募捐活动时,一定要把活动的意义向同学们讲清楚,尽可能地把灾区的受灾情况和当地人民抗灾的壮举、全国各地人民支援灾区的情况介绍给同学们,采取多种形式搞好宣传鼓动工作,提高同学们对募捐活动的认识。

其次,号召同学们把零用钱、压岁钱捐献出来;可以和勤俭节约的传统教育结合起来,提倡为支援灾区,厉行节约,踊跃捐款。对捐款中的突出事例要及时宣传,扩大影响,增强感召力。在捐款的同时,可以请同学们谈谈感想、讲讲体会,增加同学们之间的情感交流,扩大声势。还可以和学校有关部门联系,利用已有条件开展活动。如卡拉OK演唱等,让同学们在活动中唱一曲歌、献一片情,主动捐款。

与此同时,可以组织同学们走出校门到社会上去。利用广播、黑板报、宣传专栏等媒介,大张旗鼓地宣传,使听者明其义、观者感其情。同学们可分成若干小组在繁华闹市、交通要道口的附近,如百货公司、影剧院、新华书店的旁边设立站台。同学们身披明显的佩戴标志,边宣传,边请路人捐款。

"多难兴邦"。坏事可以变成好事。在灾害考验的面前,我们的捐资有限,但笔笔捐款寄深情,都凝聚着我们对灾区人民的一片爱心,体现了"一方有难,八方支援"的精神,表达了与灾区人民同呼吸、共命运的情谊,也体现了社会主义大家庭的温暖。

开展学雷锋活动

学雷锋活动是20世纪60年代兴起的群众性精神文明建设的实践活动,几十年后,这一活动仍然蓬蓬勃勃地展开着,显示了强盛的生命力。随着时代的前进、形势的发展,此项活动不断以新的形式、新的内容加以充实,雷锋精神鼓舞着我们一代又一代的青少年健康成长。在假期中,如何组织同学们到居委会开展学雷锋活动,怎样把这一活动扎扎实实地搞好?我们应该注意以下几个主要问题:

一、提高认识，自觉参加活动

经常组织同学们学习雷锋的事迹，不断提高认识，明确开展学雷锋活动的意义。应该看到，广大同学积极参加学雷锋活动是主流，但也有一些模糊、错误的看法在一定程度上影响着活动的健康开展。在改革开放发展市场经济的今天，有的人认为："现在搞市场经济，学习雷锋活动没有必要了，没有什么现实意义了。"为此，我们要结合新的形势特点，充分认识到这是转变社会风气，加强社会主义精神文明建设的具体表现，通过提高认识，使同学们自觉投身到活动中来。

二、学雷锋要学根本

雷锋精神的实质就是全心全意为人民服务，就是"把有限的生命投入到无限的为人民服务中去"。我们要根据当前的形势和特点，采取多种多样的活动方式，为人民做好事，送温暖、献爱心。

三、有计划地组织安排

要和居委会取得联系，具体了解该地段的实际情况，做到有的放矢，落到实处。比如，根据居委会中军烈属、退休老人的情况，分组定人、定点、定期登门服务，做力所能及的事情；组织便民活动，义务修车、理发、修表、打扫街道环境卫生、维护公共秩序等。

四、及时开展竞赛评比活动

做到开始有评比、结束有总结，通过竞赛激励同学们奋发向上、多做好事的精神，使活动有始有终。

在假期中组织同学开展学雷锋活动，会使大家的假期生活过得更充实、更有意义。

敢于伸张正义

见义勇为非多管闲事

现实社会中,我们有时候会遇到一些流氓在上学、放学之际在校门口干扰、欺负一些同学。有的同学看不过去,出于义愤会痛斥他们的可耻行为,以致被打,而另外一些同学却会讥笑这样的同学。这些同学用自己的实际行动制止了一起违法事件,却被讥笑为多管闲事,遇到这种情况该怎么办呢?

一、要清醒地认识到:这类"闲事"是应该管的。在我们这个社会主义大家庭中,人本应该相互关心、相互爱护。可是,就有这么一些人受剥削阶级"人不为己,天诛地灭"思想的影响,他们靠偷、靠抢、靠诈骗来维持自己不劳而获的腐朽生活,把自己的"幸福"建筑在别人的痛苦之上。对于违法乱纪的事,不能光靠公安司法部门去管,每个公民包括我们中学生,都应去管,这样才能压倒邪气、伸张正义,才能维护公共道德,才能保护人民大众包括我们自己的利益。

二、维护社会公德、见义勇为,敢于阻止违法犯罪行为,是一个人最起码的道德感和正义感。现在社会上有一种极不好的风气,有些人胡作非为,往往是看热闹的人多,敢于针锋相对进行斗争的人少,以致坏人肆无忌惮,好人频频遭殃。就拿开头那件事来说,如果那个同学不去劝阻,这些人今天得逞,明天就可能持刀抢劫,这是社会安宁的大隐患啊!

三、打击违法犯罪行为,有些人风言风语,甚至讥笑挖苦是难免的。说这些话的人心态不一:有的人对这些事的危害性认识不足,认为是小题大作;有些人怕惹火烧身,多一事还不如少一事;有些人则是嫉妒,心理不平衡……只要我们心中坦然,既然是对人民大众有好处的事,又何必对这些言论耿耿于怀、心中不快呢?并且对于这样的议论,必要时也可向学校老师汇报,以引导正确的舆论导向。

自觉遵纪守法,敢于向不良现象和违法行为作斗争,既是我国《宪法》规定的每一个公民的义务,也是共产主义道德品质的具体表现。抛弃私心杂念,为自觉维护社会秩序、人民利益作出自己的贡献是我们每个人的义务。

正确认识社会的阴暗面

随着对社会认识的逐渐加深,我们会渐渐对这个社会有全面的认识,不得不承认这个社会还是有很多丑陋和黑暗的东西存在着。其实至今为止,古今中外,还没有出现过不存在阴暗面的社会,没有一个社会是最理想、最完美的。社会的阴暗面不仅表现为官场的贪污、腐败,而且也表现为民众中的盗窃、抢夺和凶杀等犯罪行为。面对这些,我们学生该如何认识呢?

一、要从历史的角度对社会生活中的阴暗面进行分析,认识到和腐朽、没落的剥削阶级的旧思想作斗争的长期性。改革开放以来,我们的社会生活发生了巨大的变化,物质文明和精神文明的建设都取得了举世瞩目的成就,我国人民精神振奋,生活安定,社会稳定,这是任何人都抹杀不了的事实。但是,也要看到我国还是一个发展中的国家,物质基础还不雄厚,国民的文化素质还不高,在人们的精神生活上还残留着过去半殖民地半封建社会所遗留下的痕迹,社会还存在着腐败现象。诸如,拐卖妇女和儿童、赌博、斗殴等社会阴暗面,就是剥削阶级的旧思想在新时期的死灰复燃。我们要用这样的观念去分析问题,看到社会上产生阴暗面的社会根源和阶级根源,与这些丑恶现象作不屈不挠的斗争。

二、要从发展的角度看问题,社会上存在着阴暗面毕竟是前进中的问题。随着我国法制的逐步完善、人们道德水平的提高、社会的进步,这些阴暗面会逐步消失的。目前党和政府一方面在采取积极的措施,与这类丑恶现象作坚决的斗争,比如,制定法律从重从快打击拐卖妇女、儿童的犯罪现象;成立反贪机构,狠狠打击经济生活中的贪污、受贿等腐败现象。另一方面大力提高全民族的文化素养和道德水平,加强精神文明的建设,比如,开展"青年志愿者"活动,扶助社会上的孤寡老人;开展学雷锋活动,助人为乐;开展"希望工程",资助失学少年;开展军民共建活动,净化社会风气等等。

三、要树立社会公民意识,积极促进社会进步。中学生都要从我做起,遵守社会公德,积极参加社会的各项公益活动,使自己成为"四有"人才;要有强烈的社会责任感,从维护社会稳定发展的角度,与构成社会阴暗面的人和事进行不懈的斗争。同时要努力学习科学文化,加快我国现代化建设的步伐。同学们应该相信经过数代人的努力,我们的祖国将会变得更美好。

总之,一味地抱怨、愤怒和愤世嫉俗不会带来任何有价值的改变。一个人如果因为社会的阴暗面而变得愤世嫉俗的话,其结果不外乎两种:要么心灰意冷、消极厌世;要么索性自暴自弃、同流合污。无论哪一种都不能够让我们这个社会变得更加美好。我们个人的力量的确是单薄的,可能改变不了整个社会,但消极厌世、愤世嫉俗只会在让自己痛苦的同时也破坏别人的心情,对于这个社会没有丝毫的积极贡献,只会让它变得更加糟糕。但可以在完善自己的基础上,尽自己所能帮助那些需要帮助,而且愿意接受我们帮助的人,让我们的人生都变得更加充实、更有意义,也更加淡定和豁达。

面对行凶、敲诈的行为

行凶、敲诈是危害社会、危害人民的违法犯罪行为,应该受到法律的严厉惩治,与违法犯罪行为作斗争是我们每个公民的义务。我们青少年学生不要惧怕违法犯罪分子,要敢于同违法犯罪分子作斗争,以我们的正气战胜邪气,发扬见危知助、见义勇为的民族优良传统。

当我们遇到违法犯罪分子在行凶、敲诈,危害国家、集体、群众的利益时,应挺身而出,与违法犯罪分子作坚决的斗争,宁愿牺牲个人利益,也绝不让违法犯罪分子侵害国家、集体、群众的利益。因为在我们社会主义国家里,国家、集体、个人三者的利益在根本上是一致的,国家利益代表着个人利益,个人利益必须服从国家利益,集体利益是联结国家利益和个人利益的纽带,只有国家利益和集体利益得到保护,个人利益才能实现。因此,当遇到国家、集体、他人及自己的利益受到侵害时,首先应该保护国家、集体、他人的利益,即使牺牲了个人利益,哪怕"好汉要吃眼前亏",也在所不惜。

另外,我国《刑法》第二十条规定:"为了使国家、公共利益、本人或者他人的人身、财产和其他权利免受正在进行的不法侵害,而采取的制止不法侵害的行为,对不法侵害人造成损害的,属于正当防卫,不负刑事责任。"对正在进行行凶、杀人、抢劫、绑架以及其他严重危及人身安全的暴力犯罪行为,应采取防卫行为,造成不法侵害人伤亡的,不属于防卫过当,不负刑事责任。这为我们打击违法犯罪提供了法律依据。

为打击违法犯罪,弘扬正气,我们不但要敢于牺牲个人利益,甚至要敢于牺牲自己的生命。人的生命是宝贵的，可生命的价值不仅仅在于创造物质财富，也包括创造更高的精神财富。在我们社会中，总是有人见义勇为，血战持刀行凶的歹徒，有的甚至牺牲了自己的生命。尽管他们的生命停止了，但是他们所表现出来的正义精神却永远发出光芒，激励着人们，净化着人们的灵魂，使人们具有高尚的道德情操，使社会风气得到好转。

当我们遇到行凶、敲诈时，我们应该大胆地与犯罪分子作斗争，保护别人的权益同时也是保护自己的权益。无论是捍卫自己的利益还是人民群众的利益，都是值得称道的事情。不但要敢于同这类行为作斗争，还要善于同这类行为作斗争。面对违法犯罪分子，要冷静、沉着、机智地同他们斗争，如果敌强我弱，可以在不放弃原则的前提下，暂时妥协一下，但要注意记住违法犯罪分子的特征，掌握犯罪证据，并立即向公安部门报案，以便更好地打击违法犯罪分子。

总之，青少年从小就应该培养见义勇为、敢于同违法犯罪分子作斗争的精神，具有高尚的道德情操，肩负起社会责任，积极地同违法犯罪分子作斗争，只有这样才能有效地预防和减少违法犯罪。当然也要智斗，不要盲目冲动，不要硬拼，尽量减少不必要的伤亡。

面对抢劫行为

拦路抢劫一般都发生在比较偏僻的地方，作案时间多集中在晚上、深夜或凌晨，因为在这个时间和地区内，行人、车辆较少，便于歹徒实施抢劫。所以我们最好能够遵守学校的规章制度，晚上按时在宿舍休息。万一夜里外出时，最好叫上同学结伴出行。那么同学们遇到抢劫该怎么办呢？遇到歹徒应注意以下几点：

一、不要惊慌，要保持镇静、头脑清醒，迅速思考对策。

二、面对拦路抢劫歹徒，一般不要先跑，因为歹徒的目的是为了抢劫钱财，如果急于逃走可能会遭到歹徒的伤害。应与歹徒巧妙周旋，寻找机会求救，可将随身携带的少量钱财或物品交给歹徒，并注意记下歹徒的相貌、衣着、身高、口音和逃离方向、交通工具（车牌）等，及时向附近的公安部门报案，以协助公安机关追捕歹徒，破获案件。

三、如果面对的歹徒人数较少，周围又有同伴或者其他群众过路，可应付周旋，趁歹徒不备时上前与其搏斗，夺下其凶器，或突然跑开并高声呼救，在群众的协助下将歹徒吓跑或当场抓获，扭送至公安机关。

四、如果在拦路现场无反抗条件，可在歹徒实施抢劫逃离现场时，悄悄跟踪其去向，注意观察歹徒的落脚点，以便报告公安机关及时将其抓获。跟踪时要注意隐蔽自己，如在比较空旷的地区不便隐蔽最好不要跟踪，以免被歹徒伤害。

以上说的是拦路抢劫，那么万一遇到入室抢劫怎么办？由于室内是一个相对封闭的环境，我们处于孤立无援的状况，因此遇到抢劫很难指望外援。在这种情况下，如果我们应付不当，就可能使歹徒得逞，甚至导致恶性事件发生，从而使我们受到伤害。相反，我们若镇定自若，与歹徒巧妙周旋，则有可能自救。我们要注意以下几点：

一、不要惊慌失措，要冷静思考对策。

二、要善于观察歹徒的行为举止，如遇到蒙面歹徒，要记下歹徒的身高、衣着、口音、举止等特征，为公安机关提供破案线索。

三、歹徒作案逃离后，要注意保护现场，歹徒用手摸过的物品不要马上归置，应待公安人员提取现场物证后再做处理。

四、有些入户抢劫案件是被害人的熟人所为，或是熟悉被害人家庭的人员及其招来的同伙所为，案发后被害人应尽量回忆案发前遇到的可疑人、可疑事，注意比较歹徒和自己周围熟人的口音、举止、体貌、特征是否相像，但是在现场绝对不能指出，以免歹徒杀人灭口。

五、记住在生命第一和有条件的情况下，特别是在遇到不蒙面的歹徒的时候，被害人及其家庭成员应机智勇敢地同歹徒作斗争，力争制服歹徒，扭送公安机关。

面对车上的偷窃行为

日常出行，乘公交、坐地铁，还有在车多人挤的公共场所，有时候会看到小偷作案行窃。此时，作为一名学生，我们应该维护正义，挺身而出。

小偷往往喜欢在阴暗角落和人多拥挤的地方行窃。大城市的公交车、地铁，一般都比较拥挤，小偷混在人群中，伺机偷人的钱包或者其他贵重物品。

当你看到一双贪婪的眼睛盯住别人的钱包、衣袋，伸出罪恶的手准备行窃时，你该怎么办呢？

如果你和几个大人在一起，又离售票员比较近，你可以迅速示意哪个人是小偷，然后让大家一起把眼光和注意力集中在小偷的身上，使小偷感到众人的威慑力量。你也可以用眼神向被窃者示意，或者拉拉被窃者的衣服的下摆，让其警觉。假如一时不便，待行窃者走开后，你可以马上提醒被窃者，用询问的口吻提示其物品的安全性。然后低声说出原委，告诉行窃者是谁，是何模样，现在在车上什么地方。但是，一般情况下，行窃者在作案之后就会匆匆离开。作案选择的时机往往是上下车之际，所以此时我们的行动一定要迅速。

假如你认为自己很有把握，有足够的能力亲手抓住小偷，那也不妨自己尝试一下亲手抓小偷的滋味。不过，你要明白，捉贼要捉赃。在小偷掏出别人钱包的这一刹那，是抓贼的最好时机，人赃俱获。而在小偷刚刚伸出行窃之手时，你不要过早地"出击"，以免打草惊蛇，被他反咬一口。一般情况下，只有证据确凿才容易制服小偷。

值得提醒大家的是，小偷也有其人身权利。如果在抓小偷时，出手太重而使小偷受到伤害，那么，会给自己带来不必要的麻烦。因此，大家一定要注意方式方法，切不可因为激愤而做出违法的事情。当然，在抓小偷过程中的自我保护也是非常重要的。

另外，发现有人偷钱包，事实一定要清楚，要十分确定，不能以"好像"为依据，也不能将拥挤中的无意识伸手当成行窃，否则会造成不好的影响。一旦看清楚是小偷在行窃，在别人询问时说法要明确，切忌用含糊不清或模棱两可的话来作证，否则会被小偷钻了空子，甚至颠倒黑白。

面对盗贼作案

如果你在自己家或邻居家中当场发现正有盗贼作案，那么，你应该怎么办呢？

一、及时制止犯罪行为，力争将其现场抓获

也就是说，当你遇到犯罪分子正在作案或尚未逃离作案现场时，应该毫不犹豫地、勇敢地与其进行斗争。要知道，不论多么凶狠的犯罪分子，内心都是空虚、惧怕的，只要你敢于跟他斗争，将其现场抓获是十分有可能的。当然，抓获犯罪分子不可以硬来，要动脑筋，最好找附近的人求助，共同将犯罪分子制服。

二、尽快争取周围的人的帮助，将犯罪分子看管起来

对于现场抓获、已经被大家临时看管的犯罪分子和被监视的犯罪嫌疑分子，一定要提高警惕，防止其逃跑、自杀、行凶或毁灭罪证，等待或者押送公安机关处理。对于已经逃跑的犯罪分子，知其姓名、特征、逃跑方向的，要立即报告当地公安机关，以便公安人员及时采取追缉、堵截等紧急措施。对于持械逃往深山、密林、田野或者高层建筑等处的犯罪分子，在报告公安机关的同时，应在当地领导的组织下，将其就地包围起来，封锁路口，防止犯罪分子逃跑或继续进行犯罪活动，等公安机关派出干警到达后再处理，以免造成不必要的伤亡。

三、监控犯罪嫌疑分子

对于现场保护过程中所发现的重大犯罪嫌疑分子，要请村组、街道管理人员和其他群众设法秘密监控，注意不要让其察觉，以免打草惊蛇，给下一步的破案工作带来困难。

四、扭送犯罪分子

对于当场抓获的犯罪分子，有时候由于受通讯落后、交通不便、路途较远等客观条件的限制，或者受人手少顾不上等原因的制约，不能及时与公安机关取得联系，或因种种原因公安人员不能及时赶到。在这种情况下，就应当将犯罪分子扭送公安机关。所谓扭送，是指公民将犯罪分子强制交付公安机关处理的行为，它是公安机关与群众相结合的一种具体体现。当然，扭送犯罪分子要依照法定程序进行，不要盲目或违法扭送。

见到小同学受欺负

在我们放学的路上，有时会遇到以大欺小的情况。那么，遇到这种情况时，你该怎么办呢？当然不能视而不见，而应该主持正义竭力劝阻。不过要随机应变，根据不同情况采取不同处理方法。

校内欺负小同学的行为常表现为：小同学在篮球场、乒乓球台打球，大同学来了，蛮横地将小同学哄走，抢占活动场地；有的大同学还强迫小同学为他服务；有的还会随意打骂小同学等。如果我们遇到这类事情的发生，就应该和大同学讲理，不能无原则地让步，助长这种欺负弱小的不良行为。应向他们指出，欺负弱小是不道德的行为，每个人都应该注意自己的行为准则，为小同学做榜样。不过大部分同学还是讲理的，特别是在校内。当然，如果和他们说不通就应即时喊执勤同学或老师来处理，避免发生大的矛盾。

校外欺负小同学的行为常表现为：一是故意搞恶作剧。如在小同学的脸上写字、画画；把小同学买的棒冰、糖葫芦等故意打掉在地等。二是强要钱财、物品甚至殴打小同学。

如果遇到上述种种情况，我们应看清对象来灵活处理。欺负小同学的人，如果是比自己小或和自己差不多大的学生，我们应当立即上前进行阻挠、教育，无奈之下也可以以武力威慑。假如觉得自己一人力量不够，也可以请执勤同学或者自己的同学一道维护小同学的利益，让欺人者认识自己的行为是不道德的，并向被欺负的小同学道歉、认错，也可将他们送给学校老师处理，使他们下次不敢再犯。

假如你在校外遇到的是不三不四的青年，或比你大得多的人在欺负小同学，那你就不能随便冲上去和他们评理，免得受到不必要的伤害。这样不仅不能帮助小同学，反而让自己陷入尴尬境地。此时，我们应该大声呼喊，争取路人的帮助，和大家一道制服这些人。当然，如果条件允许，我们还可以趁欺人者不备，带走受欺负的小同学，解决一时的困境。

如果事情发生在家门口或学校门口，那就好处理得多了。我们应该赶快去喊同学或老师，让他们帮助自己共同制服欺人者。但如果事情发生地的附近没有人，就应记住这些人的相貌，还可以暗地跟踪，及时报告学校或公安部门，尽早抓住他们。

总之，遇到欺负小同学的行为，一定要伸张正义、多动脑筋，用各种办法去解决问题，以保护被欺负者。

遇到车祸事故

日常出行，有时候可能会遇到别人出了车祸。作为一名学生，可能会被当时的混乱场面所惊呆，以致不知道该如何是好。想去帮忙，但又怕出现意外情况。此时，我们应该镇定，可以参考以下内容行事：

一、交警在场，围观的人较多

要积极协助交警及时疏散人群，保持现场。维护好交通秩序，以免造成塞车，影响车辆正常运行。尽快拦车或者拨打120急救电话，和热心群众一起把受伤者送进医院抢救，并想办法弄清伤者的身份，以及时通知其家属。

二、交警不在附近，现场围观的人很多

首先要记下肇事车的车牌号码，防止肇事者逃跑。其次动员群众不要围观，保持现场；动员热心群众维护现场秩序，并把伤者送到医院抢救。最后，打电话找114询问附近的派出所的电话号码，并及时通知派出所。待公安人员赶到现场时，要主动介绍当时的情况，以供公安人员参考。

三、在晚间僻静的小路上，周围没有其他人

首先，悄悄记下肇事车的车牌号码，并劝说肇事者一起把伤者送至医院进行抢救，并通知家属。然后，动员肇事者到附近派出所投案。如果肇事者一意孤行，驾车逃跑，那么你应该及时到附近的派出所报案，协助公安人员将伤者送到医院。

另外，有人仍然有这样的顾虑：怕伤者被抢救过来后，错把恩人当仇人。当然，这样的误会是有的，是极个别的。怎样做，才能防止这样的误会呢？在送伤者去医院之前，可请交警或者在场的热心群众作证，记下他们的姓名和地址。如果身上带着相机

或能拍照的手机，就要把现场照下来，最好也拍下围观者的相片，以便以后找起证人来比较方便。如果肇事者已逃跑，旁边也没有人证时，应在可能的情况下，及时和附近的派出所取得联系，然后再协助公安人员把伤者送到医院抢救，这样就不会产生误会了。

总之，在人来车往的马路上，有人遭车祸是在所难免的。热心帮助交警维持现场秩序，及时地抢救受伤人员，这是每个公民应具备的社会公德。

面对好朋友受人欺辱

我们在日常生活中，有时会听到或看到自己的好朋友被人欺辱的事情发生，由于处理方法不同，后果也就大不一样。有的帮助好朋友处理得有理、有利、有节；但有的当场就"拔刀相助"，替好朋友"出口气"；或者奉行"好汉不吃眼前亏"，劝好朋友暂且忍让，伺机报复，因而导演出许许多多的悲剧来。

如果是你的好朋友受到别人的欺辱（并没有受到什么严重伤害），你应当冷静而果断地按以下方法处理：

一、事情如果发生在校园内，你应当帮助好朋友判断或了解肇事者的准确姓名和班级，并及时向学校报告，而不要想凭借自身之力解决事情。学校作为学生学习的主要环境，有责任创造一个良好的环境。相信学校会严格处理这样一些事情，来伸张正义。当学校调查处理此事时，你应当以见证人的身份，实事求是地把事情发生的经过向学校叙述清楚，便于学校准确地处理好这件事。

二、事情如果发生在学校外，在无法抓住肇事者的情况下，你应当帮助好朋友记住肇事者的长相特征和穿着打扮，并尽快地向最近处的人民警察或公安部门报告，当人民警察或公安部门调查处理此事时，你也应当以见证人的身份实事求是地、详详细细地把事情发生的经过向公安人员叙述清楚，并尽可能地提供更多的见证人，便于公安部门又快又准地处理好此事。切忌不要硬充好汉，而不顾后果地去与人动手，以免自己受到伤害。

三、无论在什么情况下，你都要坚持实事求是的原则来反映情况，一定不能因为是自己的好朋友受到欺辱，或推波助澜，扩大事态；或出歪点子，唆使好朋友寻机报复；或夸大对方的责任以掩饰好朋友的过错。这样都是法律、情理、道德所不允许的。

四、事情得到妥善处理以后，你应该主动地劝慰自己的好朋友。这件事可能会对他造成很不好的影响，你应该把这种影响降到最低。另外你还要帮助朋友冷静地、认真地反思一下已经发生过的事，并从中吸取一些教训，以免日后再出现类似情况。当然，相信你也会从中获得一些启示和体会。

总之，在我们的好朋友受到别人欺辱时，一定要保持冷静，根据不同的情况进行处理，切不可因为一时冲动而使事态扩大，造成严重后果。

正确对待义气

很多学生重友情、讲义气，这原本是件好事。可是，有些人把它发展到了极端，认为只要朋友相求，就应有求必应。结果，一念之差，铸成终身遗恨。也许当时是为了哥们儿义气，也许你的"帮忙"反倒把自己和你的哥儿们都帮错了，哥们儿义气是要讲，可是要注意方式。

其实，友谊是人与人之间的一种真挚的情感，是一种高尚的情操，它使你赢得朋友。当遇到困难和危险时，朋友会无私帮助；当有了烦恼和苦闷时，可以向朋友倾诉。友谊是有原则、有界限的，友谊不能违反法律，不能违背社会公德。而哥们儿义气源于江湖义气，会为哥们儿私利而不分是非、不讲原则。诚然，友谊需要互相理解和互相帮助，需要义气，但这种义气是要讲原则的，如果不辨是非地为朋友两肋插刀，甚至不顾后果，不负责任地迎合朋友的不正当需要，这不是真正的友谊，也够不上真正的哥们儿义气。

在社会主义国家，由于旧社会的影响和新制度的不完善，也存在一些不公平的事。对不公平的现象产生义愤，这是正直学生应有的品格。但是，今天的一些不公平现象，基本上属于人民内部矛盾，不是阶级的对抗，可以而且应当通过组织调节或法律程序来解决矛盾。朋友受了委屈，应当同情，但同情并不等于一定要去帮助打架。当朋友有这种要求时，要耐心地做他的思想工作，讲明利害，不能蛮干，从实际出发，帮助他依靠组织去解决问题。这样做，朋友可能暂时不理解，甚至会不满意，但将来他明白时，会从内心感激你的。因为你没有在他感情冲动时火上浇油，更没有从哥们儿义气出发帮倒忙。具体要注意以下几点：

一、理解、同情和宽慰

看到朋友要去打架拼斗，说明他已愤怒到了极点。作为他的好友，你要及时给予理解、同情和宽慰，让他获得一种友情的慰藉，使他从极度的愤激状态中暂时解脱出来。比如，你可以说"先消消气，有事慢慢说"、"你的脾气我最了解，不是到了万不得已的时候，你不会火成这样"、"有我们这些朋友在这里，你尽管宽心"。

二、问明详情

看到自己的朋友怒气冲天，你可

切莫受到感染、感情冲动、意气用事,而是要保持头脑的冷静,仔细问清冲突的起因、经过,弄明冲突双方的情况,理出眉目,然后尽可能客观地做出初步判断。

三、妥善处理

俗语说:"当局者迷,旁观者清。"当你的朋友感情冲动、一时判断不清的时候,作为他的好友,你要为他冷静思考、权衡利弊,处理面临的冲突时,要尽量做到有理、有利、有节。

1. 如果你的朋友是因为敢于伸张正义,挺身而出去制止不良现象的,我们就要全力支持。但在事前要充分分析面临的形势,研究周密的对策、寻求多方的支持,务必使我们的行动能周密、稳妥、有力,而不能用打架的办法去解决。

2. 如果你的朋友是因为在认识上、处理事情的方式上与对方有了分歧,而引发出激烈冲突的话,那你就要帮他理智地处理好这一争端,让大事化小、小事化了。这就需要我们动之以情,晓之以理。首先你要让朋友感受到你对他的一片赤忱,无论以往或如今,也无论你的言谈或行动,都是为了友谊,共同前进。在他的感情有所触动时,你再为他分析处理眼前冲突的两种方式和两种结果,并建议他采取明智的做法。当他的理智逐步占了上风,愿意做出明智的选择时,你要为他献计献策,并陪他一道,把一场激烈的冲突逐步化解掉。

3. 如果你的朋友因为受到别人正确的批评、处理而心怀不满、意图报复时,那你就更不能由他实施,不但自己不能参加,还要立即予以制止。帮助朋友从事情本身的是非曲直上认识清楚,做到心悦诚服,指出这是有利于朋友成长的、应该接受的批评和处理,如果报复实是错上加错。这样才是真正的朋友之道。

维护自己的肖像权

肖像是反映公民人身基本特征或真实形象的一种形式,它在社会中代表着公民本人,是公民人格构成的重要组成部分。肖像是属于公民个人的,所以我国的《民法通则》第一百条规定:"公民享有肖像权,未经本人同意,不得以营利为目的使用公民肖像。"这里注意:必须是"未经本人同意"、"以营利为目的"才构成侵犯肖像权。

如果有人侵犯了你的肖像权,你应从以下几个方面维护自己的合法权益:

一、了解清楚什么人、什么单位在什么地方、什么情况、什么场合侵犯你的肖像权;了解你的肖像权受到侵害后的后果是否已经发生,造成的不良影响能否消除等。

二、根据了解的情况与侵权者交涉，寻求解决问题的办法和途径，请求侵权者中止侵权行为，请求法院追究侵权个人或单位的责任，请求按法律规定赔礼道歉或赔偿损失。《民法通则》第一百二十条规定："公民的姓名权、肖像权、名誉权受侵害的，公民可以要求赔偿损失。"这里所说的损失包括财产损失、致病住院等费用损失、打官司费用、精神损失等。这里所说的"可以"并非"一定"、"必须"，应视具体情况区别处理，有的可以通过法院的调解来达成谅解，不必赔偿。

三、吸取教训。今后如果有陌生人给你照像，你就要慎重，要警惕别人拿你的相片去做广告或从事其他业务。同学之间互赠相片也需尊重彼此的肖像权，不可随意处置，不可转送他人，这样才能加深友谊。

维护自己的隐私权

无论什么人多少都存有一些隐秘，但是很奇怪，社会上就是有许多人，专门喜欢探听别人的秘密。这种人在交朋友的时候，和朋友接触一多，就会设法套取对方的秘密，好像不全部知道对方心里的秘密就不舒服似的。只有掌握了别人很多的私事后，才认为是"推心置腹"、够"朋友"。然而问题的关键是掌握别人的隐私是为了传播、为了出售、为了多些饭后茶余的谈话资料、为了满足个人不健康的心理需要，而不顾对别人造成伤害，这是严重的不道德行为的表现。如果遇有这样的人和这样的事在你周围发生，你应该坚决维护自身权益。

一、《未成年人保护法》规定："保护未成年人的工作，应当遵循下列原则：（一）保障未成年人的合法权益；（二）尊重未成年人的人格尊严；（三）适应未成年人身心发展的特点；（四）教育与保护相结合。"还明确规定："任何组织和个人不得披露未成年人的个人隐私。"这就很清楚了，探询别人的隐私、公开别人的隐私，这不仅是不道德的行为，也是违反《未成年人保护法》的行为。因此，你应理直气壮地和这种违法行为作斗争，勇敢地维护未成年人的合法权益和人格尊严。

二、平时自己也要有坚强的意志，谨言慎行，不要轻易地将自己心头的隐私泄漏出来，同时也不要随便侵犯别人的隐私，也要学会尊重他人的自由权利和人格尊严。只有这样，人与人、同学与同学之间才能建立起互相尊重、互相信任的正常关系，并造成一种文明向上、善良友好的人际关系，才能杜绝这类不愉快事件的发生。

三、如果遭到这种伤害，即个人的隐私被公开，也要学会自我调解、自我消化，千万不要淤结心底，搞得自己长时间心绪不宁，痛苦难耐。要培养自己对待人生挫折的能力，培养坚强的个性意志，使自己的情绪爽朗，尽快能解脱。

四、不要过分封闭自己，要广交朋友。当自己对一些问题认不准、吃不透时，不妨可以和自己信得过的兄长、老师，包括自己的父母交谈，沟通想法，以求得帮助，使自己尽快成长、成熟起来。

面对家长偷税漏税

《宪法》第五十六条规定："中华人民共和国公民有依照法律纳税的义务。"税收是国家按照法律的规定，对经济单位和个人无偿征收实物或货币，作为国家取得财政收入的主要来源。如果发现家长偷税漏税，那你应该：

一、有针对地向家长宣传依法纳税是公民应尽的义务，特别要宣传纳税的重大意义和不纳税的严重危害，先造一下"依法纳税光荣，偷税漏税可耻"的舆论。

二、向家长列举同学的父母主动及时纳税受表扬，偷税漏税挨罚款的正反两方面的例子，通过"暗示"和"旁敲"向家长提出不要偷税漏税的忠告，也可以请亲友或老师劝说家长依法纳税。不管采取哪种办法，目的都是一个：劝说推动家长赶快补税。

三、如果上述办法反复采取仍不能奏效，只得向税务部门反映情况，让税务部门督促家长纳税。《中华人民共和国税收征收管理法》第七条规定："任何单位和个人都有权检举违反税收法律、行政法规的行为。"这种检举是爱国家的义举，绝不是对家长的忤逆，这对国家、对自家都有利，不然家长继续偷税漏税早晚要受重罚。

德育从心开始

消除嫉妒心理

在日常生活中，因与他人比较，发现自己在才能、名誉、地位或境遇等方面不如他人而产生的一种由羞愧、愤怒、怨恨等组成的复杂情感即嫉妒心。

嫉妒具有以下几个特点：一是嫉妒可以说潜隐在许多事件中的几乎所有个体的身上。这一潜隐性表现为人们常常不承认自己在某事件中存在嫉妒感，或总是有意无意地掩盖这种嫉妒。二是嫉妒总是发生在与自己性别、年龄、文化等相类似而状况发生了改变的人群的身上。三是在社会交往中，嫉妒感往往导致嫉妒行为，这种行为诸如中伤、怨恨、诋毁等普遍的具有程度不同的破坏性。四是当对方由优势落到劣势，特别是落到比自己还要差得多的劣势时，这时原来存在的嫉妒感便可能发生变化，转变为如怜悯、幸灾乐祸等。

嫉妒心从本质上说是看到与自己有相同的目标与志向的人取得成功而产生的不适应感，是既不能正确评价自己，又不能正确评价他人的不良心理特征。嫉妒一旦成为习惯化的行为方式，就会形成不良的性格特征。这种消极的心理特征一旦形成，对青少年之间的交往就有很大的危害，这是因为：一是嫉妒使人心胸狭窄、鼠目寸光，与他人交往一般很难持久，也很难真诚相待。二是嫉妒常中伤别人，损害别人的自尊心，打击别人的进步，由于嫉妒之心嫉妒的是别人的贤与能，这就使人们之间的交往不能建立在相互公平竞争上。三是嫉妒不仅危害别人，也危害自己，使自己不能进步，同时也容易使自己经常产生怨恨、气愤、孤独等不良的心理特征，妨碍身心健康，严重者甚至会导致心理变态。

巴尔扎克曾说过："嫉妒者比任何不幸的人更为痛苦，因为别人的幸福和他自己的不幸，都会使他痛苦万分。"可见，嫉妒是一种非常不良的心理。化解这一不良心理的有效方法有以下几个方面：

一、树立远大理想，提高自我境界。嫉妒从伦理学上看是利己主义世界观的反映，克服嫉妒的根本方法在于树立远大目标，不断地同自私自利、狭隘保守的意识作斗争。

二、有意识地把注意力调节到自身的优势和对方的劣势上。嫉妒的产生总是因为对方的某些方面的优势被你或其他人发现了，而自己在此方面又恰恰处于劣势，于是产生了嫉妒。如果你注意到自己在另外一些方面优于对方，并把注意的中心调节一下，那么失衡的心理便会重新获得平衡。

三、设法消除威胁心理。你之所以嫉妒某人，很大程度上是因为他的这些优势在某方面给你造成了一定的威胁。一旦消除了这种威胁，也就达到了调节嫉妒感的目的。其方法是多种多样的，如化嫉妒为求上进的力量，赶上甚至超过对方的优势方面，还可以扬长避短，以自己之优势对对方之劣势，以获得总的平衡等。

四、克服自我中心主义。嫉妒感严重的人常常是自我中心主义者，与人交往时，喜欢让所有人都围着自己转，若不能成为社会交往中心便感到不满足，甚至发脾气；喜欢事事受人称赞，却很少称赞别人；听到他人的好消息就不高兴；情绪不稳定，易受外界影响等等。如果能够有意识地克服这种自我中心主义，把别人的每一次进步看做是对美好生活的必要追求，而非对他人的威胁，那么，就不会嫉妒他人的努力和成绩了。

克服悲观情绪

在日常生活中，个人的思想、感情和行为等一方面受到环境的影响，另一方面也成为环境中的一部分，对他人产生影响。个人和他人的相互影响必然产生一系列的心理活动，心理状态如何往往直接关系到社会交往的成败好坏。

从医学心理学的角度来讲，心理健康就会对内部环境具有安定感，对外部环境就能以社会上认可的形式去适应。也就是说，遇到任何障碍和困难心理都不会失调，都能以社会上认可的行为予以克服。有些交往之所以不能顺利展开，往往是因为我们不想交往、不敢交往、不习惯交往，是我们的心理障碍阻碍了我们的交往活动。

社会交往的悲观心理是指一种对社会交往的极端的消极理解，认为人与人之间的关系没有任何真情、任何意义可言。有一些人由于受旧社会封建思想遗毒和西方资产阶级学说的影响，或者在与他人交往中有过受欺骗、被玩弄甚至被出卖的切身感受，由此看破"红尘"，因而产生一种悲观情绪，把自己的内心禁锢起来，与世无争、与人无交。这种情绪从根本上摒弃社会交往，不仅给自己认识世界造成困难，也为他人理解自己造成障碍，因此必须尽早克服。

一、克服"世态炎凉，人情冷暖"的观念。"世态炎凉，人情冷暖"主要是指在人际交往中，人们反目成仇、以怨报德、落井下石等。应该说，在剥削阶级社会里，"世态炎凉，人情冷暖"是一个较普遍的观念。在今天，尽管也不能把我们的社会理想化，但从总的来看，在我们的国家里，世态并不是时炎时凉，人情也不是忽冷忽暖。虽说在人与人之间的关系上还存在着一些丑恶的现象，但这不是世态的主流。

二、克服"人心隔肚皮，知人知面不知心"的观念。人心的确隔着肚皮，而且人心也的确各式各样，但是并非不能认识。"路遥知马力，日久见人心"，关键在于自己想不想"知"、会不会"知"。

三、克服"人一走，茶就凉"的观念。人与人之间的感情是不受时间、空间的限制的，关键在于人与人之间是否建立起亲密的感情。"以势取人"、"以利相交"的人和事在现实中的确存在，但"人一走，茶就凉"并不是社会交往的一个定律。

四、克服"人在人情在，人死万事空"的观念。人与人之间的情谊是以相互存在为条件的，虽然对于死者来说什么都不存在了，自然也就谈不上与他人的情谊。但对于活着的一方来说，虽然对方不存在了，但与对方生前所建立的情谊却仍然深埋心底，并没有随之灭亡。即使活着的一方也死了，那如果他们所建立的情谊是真诚亲密的话，仍然会活在后人的心中，成为留给后人的一笔精神财富，并将一代一代传下去，与天地共存。所以，问题仍然不在于死后还有没有人与人之间的情谊，而在于活着的时候是否与人建立了深厚的情谊。如果你在社会交往中遭到过挫折和失败，便从此产生一种悲观情绪，不愿与人交往，则是一种因噎废食的表现。

打破自我隔绝

在日常生活中，有些同学会产生孤单感。这是一种不愿意与别人交往所产生的心理状态，一般说来，孤独与寂寞并不一定就会产生孤独感。德国著名无产阶级革命家卢森堡在被敌人关押在阴暗的地牢里的时候，尽管与世隔绝，但她仍然十分乐观，并不感到孤独。她在给友人的信中充满激情地写道，在整个世界上，凡是有云彩、有飞禽、有人的泪痕的地方，都如同在家乡一样，她感到在自己的周围有无数的朋友。由此可见，由于某种原因而独处的人并不一定就会产生孤独感。

然而，客观上有很好的交往条件却不愿交往，这样孤独感就很容易出现。需要说明的是，这里的孤独感同哲学中的孤独感是不相同的。哲学中的孤独感是指人的一种精神状态，而社会交往中的孤独感则是指人的一种心理状态。因此哲学中的孤独常是孕育新思想的摇篮，但社会交往中的孤独却常是一个人学习和生活上的障碍。这是因为人区别于动物的本质特征就在于人的社会性，离开了社会化的生活，人就失去了本性，而社会交往就是人的本性最重要的方面之一。

一个人如果社会交往被剥夺，那么也就被剥夺了做人的权利。科学与事实一再证明：人的才智、人的丰富精神生活是在人际之间的相互交往中形成的。只有在交往中，人才能认识自己、评价自己和改变自己。然而，社会交往孤独心理却与此相反。对于青少年来说，这种心理危害更大，它不仅会使人丧失青春活力，而且会吞噬人的灵魂、丧失人的斗志。孤独感过重的人，有的会乞求上帝，从宗教里寻求精神寄托；有的会以酗酒、纵欲、轻生来逃避孤独，严重的甚至走向反社会的犯罪道路。因此青少年要消除孤独感，改变自己的生活面貌，不妨从以下几点做起：

一、心中包容整个世界，把个人永远置身于多彩的生活之中，这是战胜孤独的根本。只有心中包容整个世界，才能胸怀宽广，才能意识到自己的社会责任。只有把个人永远置于生活的海洋中，才能懂得个人的才智；只有同社会联系起来，才能真正得到发挥。

二、消除思想障碍，投身于集体之中。火热的集体是融化孤独、给人温暖的最好地方。在集体中，真正关心同学、友人的同时，你也会得到他们的真诚帮助。当你真正感到与他人有共同的志向、共同的要求、共同的感情的时候，你就会觉得自己与集体融于一体，就会感到自己实实在在的力量。

三、坚决改造不良的性格与习惯。不良的性格与习惯往往会使别人同自己疏远，这常是造成孤独的一个重要原因，如高傲、冷僻、尖刻等不良性格以及与人相处耍手腕的不良习惯等。只有改造了这些不良的性格与习惯，与别人相处的障碍才得以消除。这样，更多的人才愿意同你交往，这时你就不会感到孤独了。

消除恐惧情绪

在日常生活中，一些同学与人交往时会有一种恐惧的心理，从而导致他们在行为上不知所措。恐惧是指有机体在面临险境并企图摆脱而又无能为力时所产生的情感体验，它是人类和动物共有的最原始的情绪之一。恐惧发生时常有退缩或逃避的动作，并伴随有异常激动的表现，如心慌、毛发竖立、惊叫、预示危险的面部表情和姿态等。

引起恐惧的刺激因素是多方面的，但关键因素还在于主体自身缺乏处理困难险境的能力。社会交往恐惧感是人的心理在社会交往时所出现的一种带有恐惧色彩的情感反应。其原因有的属于气质性恐惧，即抑郁质气质类型的人，生性孤僻，害怕与人交往；有的则属于挫折性恐惧，如在某一次较大场合的交往中受到较大的刺激，产生了一种恐惧的情感，随之形成条件反射，从而构成了一遇较大场合的交往就恐惧的不正常心理状态；也有的人是怕别人发现自己的弱点，于是就形成了一种心理上的自我保护，这种自我保护的表现就是不愿意与比自己优秀的人交往。

中小学生要克服这一心理障碍，应当做到：

一、必须针对恐惧本身，弄清楚自己到底恐惧什么，它到底对自己构成什么样的威胁。社会交往恐惧者虽然一遇到交往就沉浸在恐惧和忐忑不安之中，但由于无意识地回避恐怖对象，实际上他们很少正视自己所恐惧的东西。因此这种恐惧往往表现为一种莫名其妙的感觉。而一旦正视了它，也许就会发现它实际上并没有什么具有针对自己的实质性内容。嘲笑、冷落、讥讽、暴力，这些情况，每个人在交往中都可能遇到。因此，在正常情况下，这些对每一个具体的人来说并没有什么特殊的威胁性。不过，在与人交往之前做好一定的心理准备是必要的。

二、排除自我意识中的消极因素，改变自己个性中不利于人际交往的品质。例如，抑郁质的人一般对自己的言行举止特别敏感，担心在交往中失态而遭人品评、嘲笑。因而在交往前常常受到自己所构想的外界压力，这就自然使得自己在交往中异常紧张，导致口齿不清、逻辑混乱、手足无措。这样的表现从别人言谈举止中所得到的反馈信息自然不好，而他对此又特别敏感，所以别人不断反馈信息，也就不断地加深了他的紧张程度，从而形成交往过程中的恐惧情绪的恶性循环。了解了这一规律，就可以经常做一些克服社会交往恐惧的适应性心理训练，如在开始交往时，不妨只考虑自己该怎么做或怎么说，而不去顾忌别人的反应。这样先从心理上居于主动地位，是有利于形成交往过程中的良性心理循环的。

三、要认识到社会交往的重要性，增强社会交往的自觉性。社会交往是增长才干、了解人生和社会的有效途径，也是现代人不可缺少的生活技能，我应该自觉地要求自己加入社会交往的行列中。在投入交往时应多一些自信，少一些虚荣。害怕社会交往，说到底是担心由于不能处理一些棘手问题而难堪。因此，要排除社会交往恐惧，不妨主动地寻找外部刺激，以培养和锻炼自己的应急能力和解决复杂问题的能力，并使自己在陌生人面前和在陌生情境中的适应能力得到增强。同时，在社会交往中即使遇到比自己强的人，也大可不必缩手缩脚，人际交往正是要以人之长补己之短。

克服紧张情绪

紧张是整个生活情境中对有威胁性的或不愉快的因素的情绪反应，它反映一定环境的压力和人对此压力的反应。中小学生虽说生活压力不是很大，但在交往过程中也难免会有紧张情绪。要克服人际交往过程中的紧张情绪，最有效的方法是先找出其症结所在。一般地讲，导致紧张情绪大致有以下几个方面的原因：

一、缺乏社会交往的经验。社会交往不同于私下单独交往，私下单独交往是一种人们生活中极常见的社会活动，多是在场面小熟人多的环境中进行的，人们较为熟悉。而公开场合的社会交往多发生在较大场面及公开化环境中，伴有很强的社会化内容，人们对它既陌生，又少了解。因此，有无经验是关系到能否勇于交往的主要心理因素。

二、幼年时期的不良影响。如果一个人在幼年时期常处于封闭环境里，缺少开放性环境和教育，很少接触社会和他人，那么久而久之就会让他们对此形成习惯，甚至成年后，仍不愿放弃较封闭性的交往，导致公开场合中社会交往心理的紧张和失常。

三、知识面狭窄。由于社会交往是以接触、交流思想为内容的，当对某些问题因知识面狭窄而只能被动地听别人夸夸其谈，或发表的见解总比不上别人时，自尊心便受到影响，从而导致公开交往中的畏首畏尾的情绪。

四、除了以上几点外，家庭地位不如别人，相貌和体态欠佳也是原因之一。

我们既然已经清楚造成心理紧张的原因，那么我们不妨针对性地采取以下措施：

一、树立自信心。自信心是指在进入社会交往前，对自己实事求是地掂量一下，从而产生一种勇气和力量，这样就能在一定程度上消除来自各方面的自卑感，满怀信心而又从容不迫地开始进行交往。

二、不断进行交往实践。人际交往具有很强的实践性，它不是与生俱来的，所以要敢于交往、善于实践。特别是在社会交往经验不足的情况下，总是不断遇到困难。这就要求我们应有战胜挫折的决心和毅力，同时注意交往艺术的修养。口才是可以锻炼的，相貌也是可以通过风度弥补的，只要扬长避短，一定能得到别人的喜欢和尊敬。

三、掌握一些调节紧张情绪的技巧。如转移法，在社会交往前可以用听听音乐等形式把注意力转移到其他方面去，使大脑产生新的兴奋点，来抑制社会交往中的紧张感。再如暗示法，即自己事先用语言告诉自己："我一定能成功"、"不必害怕，我准备得够充分的了"，从而以一副自信的面目出现在交往中。

消除自卑心理

在日常生活中，人们有时候会觉得自己不如人，如悲观失望、丧失信心等，这是一种自卑心理。自卑，即一个人对自己的能力、品质等做出偏低的评价。自卑感常使人孤立、离群、丧失自信心、缺乏荣誉感。当受到周围人们的轻视、嘲笑或侮辱时，这种自卑心理会大大加强，甚至以畸形的形式，如嫉妒、暴怒、自欺等方式表现出来。

自卑是一种常见而又不良的心理状态，是实现理想或愿望的一种心理障碍，严重的自卑心理甚至能导致一个人颓废、落伍、心灵扭曲等。在日常生活中，自卑心理一般是由以下几点原因造成的：

一、自我认识不足，过低估计自己。每个人总是以他人为镜子来认识自己，总是根据他人对自己的评价和通过自己与他人比较来认识自己的长短、优劣之处。当一个人在与他人比较的过程中对自己估计过低时，就会习惯于拿自己的短处和他人的长处相比，就会自愿接受别人的低评价而不愿接受别人的高评价，久而久之就会产生自卑感。

二、消极的自我暗示抑制了社会交往中的自信心。当人们在交往中面临一种新局面时，都会首先自我衡量是否有能力应付。如果自我认识不足，就会产生一种"我不行"的消极自我暗示，从而抑制自信心。

三、生理方面的不足，心理方面的缺陷。如果不能正确对待如生理方面的身材矮小、社会地位的偏低等这些问题，必然会在社会交往中出现退缩行为。

四、学习、生活上挫折的影响。自卑心理的形成并不是一次性的，常常是屡次挫折的最后积淀，特别是对于意志较弱者，由于神经系统的感受性高而耐受性低，一些微弱的挫折就会给予他难以忍受的打击，使其变得自卑。

自卑的形成不是一日之事，因此它的调适也不可能为一日之功，但是却可以从以下几个方面消除以至根除自卑的阴影：

一、正确地认识自己，提高自我评价。要改变自卑，首先必须从改变认识入手。要学会善于发现自己的长处，肯定自己的成绩。只有客观地评价自己和他人，正确对待自己的缺点和不足，才有可能克服自卑感。

二、正确认识社会交往自卑感，增强克服自卑感的信心。有的人对自己的社会交往自卑感感到非常苦恼，甚至丧失战胜它的信心，这是很不科学和很不应该的。事实上每个人都有自卑感，关键就在于各人能否超越自卑。自卑者往往只陷入自己的自卑而羡慕别人没有自卑，从而无法原谅自己，这从根本上来讲是不对的。

三、进行积极的自我暗示、自我鼓励。人际交往是彼此沟通思想感情的过程。在这个过程中，不可讳言的是尽管外在条件在起作用，但那是暂时的，永久的是人的内在因素。积极的自我暗示是说即使自己处在不利的地位，也要鼓励自己，增强信心，而不要事先过多地体验失败后的情绪。同时，还要注意暗示自己，凡事不应当常怀奢望，要以实现小目标，获得小的满足为开始。只有从小小的成功中不断获取胜利的信心，才有可能逐步从自卑走向自信。

四、积极与他人交往。自卑者多为不太合群者，自己把自己孤立起来，结果越不同人交往就越怯于交往，就越自卑。而积极地与他人交往，就会感受他人的喜怒哀乐，心胸就会变得开阔。通过与人交往，可以向他人倾吐心胸，并了解他人的长处和短处，在比较中正确地认识自己。尤其是有意识地加强同性格开朗、乐观、豁达、尊重人、关心人的人交往，对于克服自身的社会交往自卑感更有益处。

拒绝贪慕虚荣

虚荣心是一种追求虚表的性格缺陷，是一种被扭曲了的自尊心。人都有自尊需要，人都希望在群体中能得到别人的尊重，获得真正的荣誉，这是合理的、正常的需要。但是有虚荣心理的人由于扩大的自尊需要，追求的是虚假的、名不符实的荣誉。

有虚荣心的人往往通过不懂装懂、弄虚作假、自我表现、投机取巧等骗得荣誉，以满足自己的虚荣心，其结果无论对自己还是对别人都是有害无益的。自尊心强的人，对自己的声誉、威望、受人尊重的程度等比较关心；自尊心弱的人，则对这些并不在乎。因此相对来说，一般虚荣心强的人，自尊心也强。根据心理学研究，人从青少年阶段起，随着自尊心的明显增强，虚荣心才逐渐介入情感领域。少年儿童时期的自尊心不明显，虚荣心表现得也就不普遍；而到了青少年阶段，才是自尊心明显增强的时期。青少年人往往很珍视自己的荣誉，顾全自己的面子，容易沾沾自喜，甚至为了得到表扬去做好人好事，为了面子不惜弄虚作假等。青少年人自尊心强，虚荣心也强。对荣誉和获得荣誉的不正确认识，是产生虚荣心理的基础。

虚荣心对正常的社会交往的影响很大。虚荣心强的人总是以不真实、不平等自我呈现在他人面前，从而造成人际隔阂，要克服虚荣心就应当做到：

一、确立正确的人生目标。一个人追求的目标越崇高，对低级庸俗的事物就越不会注意。当一个人的心目中装着进步的事业，并以此作为自己的追求目标时，个人的虚荣也就无所谓需要了。

二、对荣誉要有正确的认识。我国古代诗人屈原说："善不由外来兮，名不可虚作。"他告诫后人要追求充实的荣誉，必须是自己有所作为，而绝不是弄虚作假。荣誉和虚假不是一回事，而恰恰相反，一是他人对自己有所作为或有所贡献而给予的评价；一是自己为了求得他人对自己有好的评价而弄虚作假，或只为了满足自己的虚荣心而不择手段罢了。虚荣最常见的症状是掩饰自己内在的缺点和外在的不足。

三、要有自知之明。虚荣心强的人，大多缺乏自知之明。自知之明包括两个方面：一是对自己的长处和能力有正确的估价，二是对自己的短处和不足也有正确的认识。过高估计长处和过低估计短处，都会产生虚荣心。承认自己现实的能力，许多虚荣的做法就能避免。

避免无端猜疑

猜疑心是一种由主观推测而产生的不信任的复杂情感体验，人们在交往的过程中大多免不了猜疑，只是程度不一。猜疑心重的人往往整天疑心重重，或是无中生有，总以为别人在议论自己、瞧不起自己，结果认为人人都不可信，人人都不可交。

一般说来，猜疑心的产生有它一定的原因，从客观上说它大致包括两个方面：一是被猜疑者本身的可疑行为。被猜疑者本身的可疑行为常常是引起猜疑的一个直接原因。二是其他人无意的传闻或有意的挑拨离间。猜疑存在于具体的两个人之间，但其他人的传闻或挑拨离间在某种程度上起着导火索或者火上加油的作用。

从主观原因上看。主要是猜疑者缺乏真正的认识和冷静的态度：本来一些行为对于了解真情的人来说是不足为怪的，而对于一些缺乏了解和认识的人来说就可能变得可疑。如果这时缺乏冷静的态度、听信谣言，那么猜疑就会不断升级。这种情感体验一旦得以持续或蔓延，以后的相关信息便会逐一纳入错误的轨道，以致"越看越像，越看越真"，从而造成与交往对象的对立情绪，恶性循环地引导人做出一系列的错误判断。猜疑心是开展正常交往的绊脚石和拦路虎，它不仅使青少年人之间的关系松懈、涣散，而且也会使亲密的朋友、恩爱的夫妻、长期相处的邻居因疑心作祟而产生裂痕，甚至发展成为对立。猜疑心还会对青少年个体与集体之间的交往、个体和家庭的交往产生消极影响，这不仅对集体、家庭之间的和睦相处造成不利，也会使自己的情绪受到困扰，因此必须坚决克服：

一、培养理智，切忌感情用事。当出现猜疑信号后，要督促自己去寻找证据。如果疑点很多、证据实在，应以诚恳的态度与对方坦率地交换意见。如果证据不足，主观推测、演绎过多，甚至带有很强的想象色彩，就应该尽快否定自己的猜疑。

二、学会知人知己，以防止猜疑心的出现。猜疑心有时是在相互不了解的条件下产生的，如果一个人能够在短时间内认真观察他人、了解他人，把握其性格特征和处世方法，就不会轻易无端地去怀疑他背后干了不道德的事。

三、无视流言。猜疑之火往往是在一些人的煽动之下才越烧越旺的。因此，当人们听到这些人传播流言时，千万要冷静，谨防上当受骗。生活中的这些人令人讨厌，他们自己不学无术，专以打听、传播、甚至编造别人的谣言为乐事，搬弄是非。要抵制和制止这种不良做法，一方面自己不信不传，另一方面在适当的时候给予揭露。

四、加强个人思想品质的修养，努力使自己成为胸怀宽阔、心底无私的人。猜疑心重的人往往目光短浅、气量狭小，只有注意自身修养，才不至于让这猜疑毒瘤恶性发展。

世界上完全不被误会的人是没有的，误会总是可以弄清楚的。然而，误会如果不能尽快解除，就会发展为猜疑；而猜疑不能及时解除，就有可能导致不幸。培养自己的理智、控制自己的情绪、暗示自己以冷静的态度、开诚布公地谈一谈，这些都是消除误会和猜疑的良好方法。

消除交往中的偏见

偏见是人们对任何一种事物所持有的未经检验的观点或信念，这种观点或信念或者与经验相悖，或者与逻辑推理得到的结论相悖，或者不符合客观实际。它具有以下特征：

一、偏见是不正确的，但它又不同于另外一些不正确意见，如谬误、谎言、异端邪说等，偏见更具有主观性、群体性、习惯性和无意性。但对于持偏见的人来说，其偏见被认为是正确的。因为他认为是事实，所以才坚持。

二、偏见是一种态度，是一种否定性的和排斥性的态度，是在否定一个人或一些人、一个群体等场合出现的态度，表现在对其他人的排斥性。

三、尽管偏见同成见有联系，但却是两个不同的概念。人们在认知一定对象时，不是就每个具体事物逐一判断的，而是存在类型化的倾向。由于这种倾向让人对某一对象的认知极端简单化，以致形成固定的观念，这就是成见；而偏见是用固定化了的思想方法看待特定的团体或属于团体的成员。前者强调认知成分，而后者则包含态度倾向。

偏见是一种不正确的态度，它对人际之间的交往常构成很大的威胁，我们应当从以下几个方面加以消除：

一、消除刻板印象。刻板印象是偏见的认知成分，一般人对某些群体的成员常存有一定的刻板印象，如老年人常认为年轻人"嘴上无毛，办事不牢"，因此若想经过接触来改变老年人对年轻人的态度，最好是与老年人接触的年轻人表现出异于刻板印象的行为来。根据研究发现由偏见对象表现与刻板印象不一致的角色行为可收到一定的效果。

二、进行平等地位的接触。当彼此接触的两人地位不等时，相互之间的反应大多是肤浅的、形式化的。因此不但不能较深入地了解对方的特性，而且容易根据对方的外在方面做一些刻板的判断，而对地位较低者的判断出入更大。因此以同等的地位相互接触是消除偏见的一个基本条件。

三、竭力熟悉对方的独特性。偏见的产生是由于人们互相认识的肤浅，如果能够详细地了解所接触的对象，知道他的能力、性格、爱好、抱负等，将有助于改变自己的偏见。心理学家们曾发现，住在同一层公寓内的黑人和白人的家庭主妇，彼此认识的机会多，较为熟悉，因此这些白人主妇对黑人的态度好于不住同一层公寓的妇女。

四、将心比心。进行心理位置互换，从情感上体味偏见的危害，有助于消除已经产生的偏见。偏见是一种消极甚至有害的认识定势，我们只要想想别人用偏见来对待自己时的感受，就容易体味到自己对别人的偏见将在人际相处中起到什么作用了。因此，我们对待人和事的看法，不要过于固执，要能听得进别人的意见，旁观者清，对于自己尚未察觉的偏见，别人常能一语中的。

淡化报复心理

报复通常是人们受到强烈的损伤性刺激后所产生的一种反应性行为。当人们遭受到一种外界强烈的损伤性刺激后，有的人将这种刺激转化为发愤图强的巨大动力，有的人则将这种刺激转化到要报复的对象身上，后者是一种不良的心理反应。

报复心理是在社会交往中以攻击方式发泄对那些曾给自己带来挫折的人的怨恨、不满时的一种情感体验。它具有攻击性和情绪性。不管是公开的行为，还是隐蔽的报复，其结果往往给报复对象造成很大的危害。

研究表明，报复心理和报复行为的产生不仅同个性特点有关，而且同对挫折的归因密切相关。如果认为对方有意中伤自己，则进行报复；如果认为并非故意伤害，或者认为他人使自己受到挫折的行为是正当的，便不会进行报复。同时，报复同环境也有关，报复有关线索的存在、第三者的挑动，都可能导致报复心理和报复行为的产生。因此，中小学生年轻气盛，在与人交往的过程中，淡化报复心理是十分必要的。

一、坦然面对挫折。人在社会交往中总会遇到各种挫折，没有挫折的磨砺就不可能成熟，战胜挫折，在挫折中让自己表现得比挫折更强大、更有力量是一切伟大人物之所以伟大的一个重要原因。诺贝尔文学奖获得者、德国作家赫尔曼·黑塞在谈到他从事文学创作的遭遇时，曾这样写道："诗人的命运和英雄的命运完全一样，就像一切强壮的、美的、勇敢和不平凡的人物一样，他们在历史上是极壮丽的，所有的教科书对他们交口赞美，但在当前，在现实中，他们却遭到憎恨。"将被挫折唤起的巨大力量指向挫折本身而不是指向造成挫折的人，从而超越挫折是所有伟大人物的共同特征。

二、正确认识别人的行为动机。学会用动机和效果统一的观点去衡量人的行为，可减少许多不满情绪的产生，从而遏止报复心理的形成。人的行为总是受动机驱使的，衡量一种行为的善恶，应在将其效果与动机统一起来的基础上进行。如果单纯地从行为效果去认识问题，忽视了行为动机，往往会使事情面目全非。

三、在情绪最激昂的时候不妨转念思考一下报复结果给自己带来的危害。许多不幸事情常常都是在感情冲动一念之间做出的而又无法挽回的。在报复行为发生之前，不妨转念想想，通过报复，除了从中体会报复本身所带来的"快感"和给报复对象造成的危害外，自己会不会得到对方更大的报应，会不会受到社会舆论的指责，会不会触犯刑律。要知道，加害于人的人往往会自食其果。

四、在面对挫折激起愤懑之时不妨进行一下心理换位思考。在人际交往中，不可能没有利害冲突，当你遭受挫折时，不妨进行一下心理换位思考，将自己置身于对方的情境中，想想自己会怎么办，这样你也许能理解对方的许多苦衷，从而能正确看待他人给自己带来的挫折，而因此不采取报复的方式。

避免自傲自大

同学们当中可能存在这样一些人，他们目中无人，认为自己是最好的，时常还会自吹自擂。他们这种人就是自傲的人。自傲同自卑相似，都是源于不正确的自我认知。与自卑者总是过低估计自己不同，自傲者则喜欢过高地估计自己。在交往中自傲者常常忽视交往双方应建立在互相尊重的平等基础上的原则，而表现出一种优越感，以自我为中心，喜欢自夸自尊、自吹自擂、装腔作势、盛气凌人，对别人的感情不尊重。

过于自傲的人，往往拿自己的外貌、才华等优越条件为资本，不适度地进行炫耀，而对自己的某些缺陷却视而不见或进行自我粉饰，遇到失败则把责任推给别人，这极易遭到交往对象的反感。具有自傲这种心理特征的人与人交往会给人以交往不公平的感觉，使对方产生难堪、紧张、窘迫等心理压力。而对方为了缓解这种心理压力则常常会反唇相讥，或退而避之，从而造成人际交往的失败。那么怎样去改变这种不良心理呢？

一、从思想上认识到自傲给自己的交往和发展带来的危害。自傲同自卑虽然相似，但自傲更多的是来自思想意识上的障碍，因此克服自傲相对来说并不困难。

二、虚心向他人学习。如果一个人以高位而自居，以貌美而自赏，以才华而自炫，对别人的优点不能给予充分的肯定或赞许，那么就会失去别人的喜欢，难以使别人产生敬慕和结交之心。在人际交往中，人人都需要尊重，尊重别人才会换来别人的尊重，自己的长处才会被别人所接纳。

三、放低自己的姿态。自傲的人常常是大肆自我炫耀，总企图压倒别人，居人之上，因而也容易树敌太多，成为众矢之的。而谦虚则是一种令人喜欢的好品质。只有客观地评价自己，打破幻想，才有可能对别人表示出真诚的尊重。为了增加自己在交往中的吸引力，使自己为别人所喜欢，放低自己的姿态是非常可取的。